ALEX CHIANG

CÓMO ENSEÑAR A PREDICAR

Manual de Formación para Capacitadores en Exposición Bíblica

Editado por:
© 2018 Centro de Investigaciones y Publicaciones (CENIP) – Ediciones Puma
Apartado postal: 11-168, Lima - Perú
Av. 28 de Julio 314, Dpto. "G", Jesús María, Lima - Perú
Telf.:   (511) 423–2772
E-mail: Administración: puma@cenip.org
            Perú: pedidos@edicionespuma.org
            Internacional: ventas@edicionespuma.org
Web: www.edicionespuma.org
Ediciones Puma es un programa del Centro de Investigaciones y Publicaciones
(CENIP)

Diseño de carátula: Eliézer Castillo
Diagramación: Hansel James Huaynate Ventocilla

A Álvaro, Ángel, David, Diego, Dionisio, Gail, Igor, Joaco, Jorge, Juan Carlos, Manuel, Mercedes, Rubencho y Ximena, pioneros del ministerio de Escuelitas de predicadores, sin los cuáles este libro jamás hubiera podido ser escrito.

Contenido

Prólogo

"Dios habla hoy" es una declaración con implicaciones muy comprometedoras que suscita varias interrogantes, como: ¿qué dice?, ¿a quién se lo dice?, ¿cómo lo dice?, ¿qué lengua utiliza?, ¿cómo interactúa con otras voces?, entre otras. Todas estas preguntas se responderían si tuviésemos acceso a sus palabras; acceso que se encuentra en manos, en boca, de sus voceros.

Pregoneros o *portavoces*, según este manual, son los individuos llamados e incuestionablemente leales. En su pasión y destreza está su capacidad de comunicar el *pregón* con prontitud y de hacer conocer al pueblo planes y decisiones que afectarán su destino; el pregonero podría morir en el intento.

Cuando el pueblo oye la voz de Dios, disfruta del éxtasis, y lo visitan la perplejidad, la perturbación y el estremecimiento. Es consolado, instruido; celebra el final del silencio de su Dios y el advenimiento de un interlocutor de conversación interminable.

El pueblo ordena, reordena, elimina, da y, sobre todo, encuentra su lugar y misión en la tierra, en busca de la utopía esquiva: "cielos nuevos y tierra nueva donde mora la justicia", lo propio y anhelado de su creador.

Hacia aquí apunta este manual. Se ocupa, no de la "palabra de Dios", que nunca ha estado en crisis, sino del vocero y de su vocería, lo cual sí lo está.

El libro se nutre de verdades y convicciones: Dios habla y su voz nunca está vacía ni "vuelve vacía". Se nutre de una prolongada, reflexionada y articulada experiencia de predicación y formación de predicadores del autor. Se nutre, finalmente, de una vivencia de "Escuela", es decir, de una filosofía de formación de cómo se hace un vocero de Dios. Filosofía que toma forma de "escuelita", espacio donde se da un aprendizaje significativo, al cual se llega, no por inscripción, sino por llamado, y del cual nunca se sale, es decir, quien allí estudia, nunca se gradúa.

Éste es un libro de inmenso valor, quizás único, no en el arte de la predicación, sino en el artificio de cómo enseñar a predicar con fidelidad, relevancia y claridad. Que a través de quienes lo usen, la iglesia y el mundo sepan que Dios habla hoy, y que, cuando lo hace, "calla toda la tierra".

Jorge Atiencia

Introducción

Éste NO ES UN LIBRO SOBRE CÓMO PREDICAR, pues ya existen muchos y muy buenos materiales impresos al respecto, casi imposibles de superar. En ese sentido, traté de no incluir nada que pueda leerse en un buen texto sobre predicación. Por ello, encontrarás muy poco respecto al perfil de un buen predicador, la importancia de los géneros literarios o cómo ser fiel, relevante y claro a la hora de elaborar y exponer un sermón.

Éste ES UN LIBRO SOBRE CÓMO ENSEÑAR A PREDICAR y está dirigido principalmente a personas comprometidas en el apasionante proceso de formar expositores bíblicos. Es un esfuerzo por reflexionar y sistematizar la experiencia de capacitación a predicadores en América Latina, impulsada por el ministerio de Langham Predicación.

Lo escrito aquí recoge la parte PEDAGÓGICA Y METODOLÓGICA de un sueño que trasciende estas páginas: ver en cada país latinoamericano un movimiento nacional de predicación que promueva la predicación bíblica y contextual con el potencial de transformar personas, familias e iglesias, así como las estructuras sociales donde están insertas.

Se ha hecho un esfuerzo intencionado de incorporar una FILOSOFÍA DE EDUCACIÓN DE ADULTOS, aunque, por el propósito de este manual, solo encontrarás la puesta en práctica de estos principios. Recuerda que un adulto aprende de forma muy distinta que un niño.

Como consecuencia de haber participado en el proceso formativo desarrollado en este libro, muchos pastores y pastoras establecieron en sus iglesias locales un EQUIPO DE PREDICADORES, quienes, acorde con un cronograma establecido, predican rotativamente en los servicios dominicales. Lo distintivo de esta propuesta es que, antes de exponer el mensaje a la congregación, es previamente compartido al interior del equipo, con el propósito de ser retroalimentado y enriquecido. Lo mismo ocurre después de ser predicado. Quienes han implementado este sistema dan testimonio del fortalecimiento del púlpito, con el consecuente crecimiento integral que ello produce.

El objetivo de un programa de formación de predicadores es regalarle a una nación hombres y mujeres que anhelen PREDICAR COMO JESÚS, sabiendo que es imposible hacerlo si no estamos dispuestos a VIVIR COMO ÉL.

Encontrarás que fue escrito en primera persona; la razón es poder ser lo más directo y coloquial posible.

Bienvenido a una de las tareas más trascendentes a la cual uno puede ser llamado: PREDICAR Y FORMAR PREDICADORES.

Alex Chiang

Capítulo 1

La predicación

Bases bíblicas, convicciones teológicas y perspectiva histórica

Introducción

Uno de los mayores peligros que enfrenta la iglesia a nivel global es haber descubierto que puede crecer numéricamente sin necesidad de tener una predicación fiel al texto bíblico y relevante a su contexto social. De ahí la urgencia de entrenar líderes cristianos que sean capaces de predicar bíblica y contextualmente. Todo proceso de formación de predicadores debe construirse sobre claras bases bíblicas, convicciones teológicas y perspectivas históricas, evitando así, reducirlo a métodos y técnicas comunicativas.

Bases bíblicas

A continuación, describiré tres momentos florecientes del ministerio de la predicación en la revelación bíblica:

La predicación profética

El judaísmo es una religión de la Palabra. El anuncio del mensaje de salvación caracterizó a la fe bíblica desde los mensajes de Moisés hasta las visiones de Daniel.

El Antiguo Testamento, sobre todo en la tradición profética, había elaborado una refinada teología de la Palabra. La Palabra de Dios se percibe como creadora e inevitablemente fructífera (Is 55.9–11).

El poder de la Palabra se experimenta con una fuerza casi personal que comunica a Israel el poder salvífico de Dios: un Dios que no guarda silencio ni está lejano, sino que habla y habita con su pueblo.

El profetismo se constituyó, así, en el medio más extraordinario de revelación divina en los días de la apostasía de Israel. Los grandes profetas fueron los heraldos de Dios que declaraban el juicio y la esperanza futura de salvación y predicaban contra las maldades del pueblo y de sus líderes. El mensaje de salvación para Israel llegaba con la lacerante crítica de la Palabra y los signos proféticos.

El mensaje de los profetas no era una proclamación de verdades eternas o abstractas, desconectadas de la vida de sus oyentes. Sus mensajes se hilvanaron entrelazando la Palabra de Dios con la realidad social de su tiempo.

La predicación de los profetas era a menudo dada por Dios de forma inmediata y transmitida a medida que lo recibían. Consistía en un discurso coherente bajo el dominio directo del Espíritu Santo.

La predicación de los levitas, en cambio, era un comentario sobre la palabra escrita (La Torah). En ese sentido, los predicadores contemporáneos construyen sus mensajes más como levitas que como profetas.

Jesús de Nazaret: El predicador itinerante

La predicación ocupó un lugar protagónico en la comprensión que Jesús tenía de su misión (Mr 1.38 y Lc 4.43). Parte importante de su ministerio estuvo dedicada a la predicación y la enseñanza. Los evangelios sinópticos recogen los testimonios de sus recorridos por la Palestina del siglo I (Mt 9.35).

Jesús anuncia la irrupción del Reino de Dios en su propia persona. Su mensaje se dirige a la voluntad de sus oidores y los invita a tomar una decisión concreta: seguirlo y someterse a la voluntad de Dios.

Jesús es el profeta lleno del Espíritu que critica y alza la voz contra la postura exclusivista de los líderes religiosos. Por esta razón, experimenta el mismo rechazo que los profetas de Israel.

Jesús nos advierte del peligro de especializarse en palabras en vez de acciones. La hipocresía consiste en la ausencia de buenas obras, no importa si el discurso es correcto. El sermón del monte, así como su enseñanza acerca del juicio de las naciones, apuntan en esa dirección.

Jesucristo es un predicador itinerante que entra en contacto con las personas: forma y pastorea un grupo pequeño, enseña en las sinagogas y habla a las grandes multitudes en parábolas, las cuales evidencian sus extraordinarias capacidades pedagógicas.

La predicación apostólica: Más allá de la erudición y la elocuencia

La tarea por ejecutar de parte de los apóstoles, después de Pentecostés, fue ensayada con anterioridad. El Señor mandó a los doce a predicar, y más adelante envió a setenta y dos discípulos a realizar lo mismo (Mr 3.14; Mt 10.7; Lc 9.2 y 10.1–16).

Pero un gran cambio se produciría en el mensaje de los apóstoles después de la ascensión del Señor. Seguían predicando el Reino de Dios, pero como una decisión de sometimiento voluntario a su Rey. De esa manera, predicar acerca de Cristo es anunciar la presencia del Reino en el mundo.

El mensaje central de los apóstoles consistió en una declaración pública de los hechos históricos-redentores de la vida del Mesías: la encarnación, la muerte, la resurrección, la exaltación y el retorno del Rey Jesús, que condujera a evaluar su persona como Señor y Cristo, enfrentando al hombre con la necesidad de arrepentirse y con la promesa del perdón de pecados.

Los apóstoles dieron prioridad al ministerio de la predicación. Se resistieron a la tentación de participar en otras formas de servicio (Hch 6). Algunos consideran que no fue una decisión totalmente acertada por la sobrevalorización del ministerio de la Palabra en desmedro de los ministerios sociales.

Para los apóstoles la predicación no fue una fría repetición de verdades moralmente neutras. El sentido de compulsión que los embargaba era la marca de la autenticidad de su llamado. Cuando predicaban era Dios mismo quien aparecía en escena demandando de las personas una decisión. Esta clase de predicación encuentra normalmente gran oposición.

La predicación fue también la pasión paulina. Pablo hizo de la predicación de Cristo el propósito esencial de su vida. Vivió bajo un impulso irresistible que lo llevaba a proclamar el evangelio en todas las ocasiones posibles.

Pablo entendía que la predicación era la forma designada por Dios para que los pecadores escucharan sobre el Salvador y lo invocaran para salvación (Ro 10.14; 1Co 1.17 y 9.16).

Pablo se refiere al impulso vital que domina su existencia como la "locura de la predicación" (1Co 1.21). El anuncio del Mesías crucificado resultaba ser contradictorio y absurdo para la mente brillante de los intelectuales judíos y griegos (1Co 1.23). Pero el escándalo de la cruz fue la manera escogida por Dios para transmitir su poder y sabiduría al mundo (1Co 1.24).

En 1 Corintios 2.1–5 Pablo contrasta la predicación cristiana con la retórica griega, la cual tenía fascinados a los cristianos en Corinto. Pablo toma distancia de los sofistas y oradores itinerantes tan populares en el mundo antiguo (y no de su predicación en Atenas como muchos han supuesto) y quiere dejar claro que el poder de su mensaje no radica en el razonamiento filosófico ni en su capacidad de oratoria, sino en el poder del Espíritu de Dios. Aunque Pablo conocía y dominaba las técnicas oratorias griegas, rehusó utilizarlas para comunicar el evangelio. De esa manera, aseguraba que nadie tuviera alguna razón para jactarse y que toda la gloria fuera única y exclusivamente de Dios.

Un reconocido teólogo del Nuevo Testamento resume la preocupación paulina con las siguientes palabras:

> Lo que Pablo está rechazando no es la predicación en sí, ni siquiera la predicación persuasiva; más bien es el verdadero peligro en toda predicación: la confianza en uno mismo. El peligro estriba siempre en dejar que la forma y el contenido se interpongan en el camino de lo que debería ser el único interés: el Evangelio proclamado mediante la debilidad humana pero acompañado de la acción poderosa del Espíritu [...].

Convicciones teológicas

En esta sección desarrollaré reflexiones sobre la naturaleza de la predicación y su lugar en la misión cristiana.

En el Antiguo Testamento "predicar" (o más exactamente "proclamar") viene de la raíz semítica "*qr*", que significa: 'atraer a sí, por medio del sonido de la voz, la atención de alguien para ponerse en contacto con él'. De acuerdo con el contexto, también es traducido por 'llamar, gritar, designar, invocar, anunciar'. Se emplea "predicar" cuando se trata de decretos oficiales.

En el Nuevo Testamento hay más de treinta términos griegos traducidos por *predicar* o *predicación*. El más usual es el verbo *keryssein* (setenta y una veces) y el sustantivo *kerygma* (nueve veces).

Kerygma se usa en el contexto del anuncio de un heraldo, quien era un hombre íntegro y de carácter que se encontraba al servicio del rey o del Estado para realizar proclamaciones públicas. Hablaba únicamente aquello que el soberano quería que fuera conocido. Añadir o quitar palabras era considerado una traición.

La predicación es la dimensión verbal e ineludible de la misión cristiana. Por ello, está íntimamente asociada a la palabra *evangelio*. Es la comunicación abierta y pública de la actividad salvífica de Dios en y por medio de Jesucristo, la transmisión oral del mensaje de salvación en forma directa y explícita. Es la franca declaración de la verdad redentora de Dios. La vida de los cristianos, por más íntegra y consecuente que fuere, jamás será transparente en suficiente grado como para permitir a otros conocer al Señor de sus vidas.

Pero las palabras nunca pueden separarse de las buenas obras, del ejemplo, de la presencia cristiana y del testimonio de vida. La acción sin palabras es muda, y las palabras sin acción están vacías. Las palabras interpretan los hechos, así como los hechos validan las palabras. Un auténtico predicador cristiano es aquel que proclama a Jesucristo como Señor del universo y vive acorde con esa declaración.

La predicación es la articulación verbal de Aquel en quien creemos. Son palabras acerca de la Palabra hecha carne: Jesucristo.

El origen divino de la verdad revelada en la Biblia exige medios sobrenaturales de comunicación. A través de la predicación, Dios puede revelarse en el presente por medio de una acción pasada: la muerte de su Hijo en la cruz, ofreciéndole al ser humano la posibilidad de responder con fe.

La predicación brota del deseo del Dios viviente de revelarse a sí mismo con el propósito de salvar a la humanidad caída. Esta autorrevelación ha sido entregada por el medio de comunicación más directo: las palabras.

La predicación no depende de una respuesta, pero sí la demanda. Implica siempre un llamado a hacer cambios específicos: renunciar a toda forma de maldad y empezar a amar a Dios y a nuestro prójimo.

Sin lugar a dudas, el instrumento más importante en la extensión del Reino de Dios en la iglesia del siglo I fue la predicación del evangelio.

Perspectiva histórica

La predicación tiene una tradición ininterrumpida de casi veintiún siglos. Presentaré a continuación algunos de sus hitos más importantes:

La predicación de los padres de la iglesia

El predicador cristiano no tenía parangón en el mundo antiguo. Aparece como testigo de unos hechos concretos: la encarnación del Hijo de Dios, de su muerte y de su resurrección. Estos hechos fueron convertidos en palabras de formulación objetiva, en un "kerigma" único, anunciado y explicado por cada predicador. Así, la predicación y enseñanza de la palabra de Dios mediante una alocución pública se hizo una característica esencial y permanente del cristianismo.

El Antiguo Testamento era la revelación primaria de los primeros seguidores de Jesucristo para la argumentación de su mensaje y, una vez formado el canon del Nuevo Testamento, este se unió al Antiguo. De esta manera, la Biblia cristiana fue el punto de partida en la predicación de los padres de la iglesia, quienes fueron primordialmente unos exégetas, unos comentadores de las Sagradas Escrituras. También fue una clara herencia del sistema de enseñanza de la sinagoga judía.

La predicación patrística estuvo más cerca al modo de predicar de los apóstoles que la de Jesucristo, pues en su predicación, Él se hacía objeto de su propio mensaje; en cambio, los apóstoles y los padres de la iglesia hablaban de Jesús.

La predicación de Orígenes marca un cambio de la homilía exhortatoria al sermón expositivo (aunque su exposición fue opacada por el uso del método alegórico), lo cual pasó a la iglesia de Occidente a través de San Agustín.

Juan Crisóstomo fue el más grande predicador de la iglesia griega. Enseñaba que la predicación cristiana debía presentar las siguientes características: tenía que ser bíblica, de interpretación simple y directa (exégesis literal), de aplicación práctica y no debía tener temor de denunciar la maldad. Por esta última razón, fue conocido como el mártir del púlpito.

Pero la historia de la predicación cristiana, tal como la conocemos, comienza con los frailes predicadores, quienes revolucionaron la técnica y engrandecieron el ministerio.

La predicación reformada

La Reforma protestante recupera el carácter esencial de la Palabra de Dios para el culto y la vida de la comunidad cristiana, pues considera su exposición como el medio más adecuado para que el mensaje divino llegue a cada uno de los oyentes.

Los reformadores exponían y aplicaban las Escrituras directamente, a menudo basados en libros enteros de la Biblia, y hoy en el mundo protestante no se concibe una celebración litúrgica sin un lugar central para la predicación de la Palabra de Dios.

La predicación moderna

El surgimiento de la modernidad con su endiosamiento de la razón trajo consigo el desarrollo de predicadores altamente racionales, por lo cual la necesidad de ser un exégeta y tener una formación académica se volvió indispensable para predicar la Biblia.

El predicador moderno tenía que ser un buen apologista y saber articular el mensaje bíblico con el pensamiento contemporáneo. El movimiento del cuerpo, así como la expresión de emociones durante el mensaje no eran recomendables.

La predicación pentecostal

La aparición del pentecostalismo en el contexto de las grandes urbes marginadas del tercer mundo, a inicios del siglo xx, trajo consigo una nueva manera de predicar.

El predicador pentecostal, con su tremenda habilidad para construir imágenes con palabras, caló profundo en medio de la cultura de los pobres, marcada por la oralidad. Auditorios, que en su gran mayoría no sabían leer ni escribir, escuchaban extasiados a estos apasionados mensajeros de Dios.

La espontaneidad e informalidad de su comunicación se derivaba de su inquebrantable confianza en el Espíritu de Dios. Sus palabras parecían brotar de cada poro de su piel y no sólo de sus labios. De esa manera, su cuerpo se transformaba en una vívida y visible forma de comunicación. El predicador pentecostal no lee un sermón, sino que se especializa en una comunicación frontal donde jamás quita los ojos de la gente que lo escucha, excepto para leer algún texto de la Biblia. La fuerza y convicción con que proclama la verdad hace casi innecesaria su explicación.

Su habilidad innata de narrar historias, testimonios vivos del poder transformador de Dios, le permite desarrollar un mensaje altamente afectivo y efectivo.

La predicación posmoderna

Cuando el evangelio llega a los medios de comunicación masiva, sobre todo la televisión, aparece el predicador posmoderno. Tiene sus raíces en el predicador pentecostal, pero lo actualiza para un auditorio de clase media y alta. Maneja muy bien los códigos de la cultura del *show* y del espectáculo. La utiliza conscientemente para captar la atención de su audiencia. Sintoniza con el perfil del hombre posmoderno que escucha con los ojos y piensa con el corazón. Construye un mensaje que no es sólo para ser oído, sino, sobre todo, para ser visto. Aparece en escena el predicador carismático, quien encuentra en las estrategias de *marketing* a su gran aliado.

La tecnología audiovisual de punta y la música contemporánea son explotadas al máximo para atraer a la gente, sobre todo a las grandes masas juveniles.

Conclusión

"DIOS HABLA" es una de las primeras afirmaciones acerca de Dios que podemos hacer desde las Escrituras judeocristianas. En el primer capítulo del libro de Génesis uno encuentra la declaración: *y dijo Dios*. La Epístola de Hebreos se inicia declarando directamente: *Dios, habiendo hablado*. Por tanto, los cristianos no sólo creemos en Dios, sino en un Dios que habla. La predicación es la forma por excelencia en que Él continúa hablándole al mundo a través de su iglesia.

Pero Dios nunca habla de manera abstracta ni ahistórica. Siempre lo hace en medio de realidades concretas y específicas. Cada vez que habla lo realiza en contextos muy definidos. De ahí el sentido teológico de la frase: "Dios habla hoy". Un ejemplo novotestamentario lo encontramos en Lucas 3.1–2. Es importante notar cómo el escritor ubica la situación política, social, económica y religiosa en la que Dios le habló a Juan el Bautista. Por lo tanto, si queremos que vuelva a "hablar hoy", el predicador necesita conocer la realidad en que viven sus oyentes para iluminarlos y transformarlos con el evangelio.

Preguntas para seguir reflexionando:

1. *¿En qué se asemejan y diferencian la predicación profética, la predicación de Jesús y la predicación apostólica?*

____

____

____

____

____

____

____

2. *¿Por qué la predicación del evangelio fue y continúa siendo el instrumento más importante en la extensión del Reino de Dios en el mundo?*

____

____

____

____

____

____

____

3. *Menciona una característica de la predicación de los padres de la iglesia, de la predicación reformada, de la predicación moderna, de la predicación pentecostal y de la predicación posmoderna.*

____

____

____

____

____

____

4. *¿Cómo las verdades expuestas en este capítulo podrían ayudarte a ser un mejor predicador?*

____

____

____

____

____

____

____

Capítulo 2

La predicación

Cómo formó Jesús
a sus primeros seguidores

En este capítulo desarrollaré varios *principios* inspirados en la vida de Jesús y en cómo capacitó a sus primeros discípulos, también conocidos como los doce apóstoles o, simplemente, los doce, para ser predicadores de su Reino.

1. El mensaje del predicador nace de su vida devocional

De los cuatro evangelios, el escrito por Lucas es el que más destaca la vida de oración de Jesús (3.21, 5.16, 6.12, 9.18, 9.28–29, 11.1, 22.41–45, 23.34 y 46). Estos relatos bíblicos muestran claramente cómo los momentos importantes y cruciales en el ministerio de Jesús fueron precedidos por tiempos significativos de oración.

Por ejemplo, en 5.17–26 se describe una de las primeras confrontaciones entre Jesús y los líderes religiosos judíos, destacando la sabiduría de sus enseñanzas, su poder para sanar, pero, sobre todo, su autoridad para perdonar pecados. En su relato, Lucas muestra que este acontecimiento fue antecedido por la búsqueda intencionada de un espacio solitario para orar, como lo narra en 5.16:

Mas Él se apartaba a lugares desiertos y oraba.

En diálogo con Dios, su Padre, Jesús se llenaba de las palabras con que predicaba y recibía el valor para proclamarlas, a pesar de saber que lo expondrían a la crítica destructiva de los maestros de la Ley de su tiempo.

En varias oportunidades Jesús invitó a sus primeros discípulos a compartir estos espacios de oración con Él, para que presenciaran cómo la enseñanza y predicación de su maestro se nutría de su tiempo de comunión íntima con Dios. Esto marcó profundamente la vida de los apóstoles, de tal modo que el binomio orar-predicar se volvió inseparable para ellos, tal como se registra en Hechos 6.4:

> *Y nosotros persistiremos en la oración*
> *y en el ministerio de la palabra.*

No cabe la menor duda de que los doce aprendieron de Jesús esta conexión vital entre oración y predicación.

Inspirados en esta práctica de Jesús podemos afirmar que todo ministerio de formación de predicadores debe ser, ante todo, un ministerio de oración. Por lo tanto, aprender a predicar comienza con aprender a orar.

En ese sentido, una primera convicción que debemos tener los predicadores es que los mejores mensajes que podemos predicar son los que brotan de nuestra vida devocional. Por lo tanto, crecer como predicadores implica profundizar y potenciar nuestra vida de oración no sólo como un espacio para cultivar la espiritualidad, sino también como un aspecto esencial en el proceso de elaboración del sermón y la preparación para predicarlo.

2. El mensaje del predicador es una prolongación de su vida

El Reino de Dios fue el tema central de la predicación de Jesús, acorde con los evangelios sinópticos. Esta rica metáfora bíblica lo ayudó a entender la naturaleza de su mensaje y misión. Aunque Jesús empleó una gran cantidad de parábolas para describir la dinámica presente y futura del Reino, nunca nos dio una definición acabada de éste. De esa manera, la misma vida de Jesucristo se torna en la clave interpretativa para entender plenamente sus enseñanzas acerca del Reino.

Por ejemplo, el uso que hace de la palabra Padre (ABBA) para referirse a Dios no tenía antecedentes en la religiosidad judía. Expresa su relación estrecha e íntima con Dios. Jesús lo conocía como alguien bondadoso, clemente y compasivo. Por ello, podía aproximarse a Dios, su Padre, con mucha libertad y seguridad. Esta manera de caminar con Él quedó registrada en sus más memorables predicaciones, como las tres parábolas de la misericordia, donde reivindica su derecho a comer con personas catalogadas como pecadoras (Lc 15) o su enseñanza sobre el perdón infinito (Mt 5.43–48). La imagen de Dios plasmada en los sermones de Jesús era la expresión en palabras de la forma en que experimentaba a Dios en su propia existencia. En resumen, el mensaje predicado por Cristo era una prolongación de su propia vida.

La primera generación de predicadores cristianos aprendió de Jesús mismo la íntima relación existente entre su vida y su mensaje. El apóstol Juan lo expresa así:

> *...lo que hemos visto y oído,*
> *eso os anunciamos [...] (1Jn 1.3)*

Esto no sólo fue verdad para Jesús y los doce, sino también para todos los llamados a ser predicadores. Los mensajes que predicamos son una prolongación de nuestras vidas. De ahí que "una predicación es espiritual cuando la persona que predica es espiritual", un mensaje es profundo cuando el predicador vive su fe con profundidad, "un sermón es veraz y compasivo cuando el predicador es un cristiano veraz y compasivo". Y podríamos seguir señalando muchas otras conexiones. Por ello, nuestros sermones crecen y maduran en la medida en que los predicadores crecemos y maduramos también. No hay atajos.

Por lo tanto, dentro de un programa de formación de predicadores debemos procurar el crecimiento integral de los participantes. Esto se logra promoviendo espacios donde la voz de Dios sea oída y obedecida a través de la exposición de su Palabra en las realidades personales, familiares, sociales y ministeriales que encaran los que tienen la responsabilidad de predicar la Palabra de Dios.

En la medida en que la vida cristiana se viva con mayor integridad y coherencia, los predicadores serán más efectivos en su tarea. Ésta es otra razón para no simplificar el proceso formativo a la mera adquisición de técnicas y herramientas, por muy necesarias y útiles que sean.

3. A predicar se aprende predicando

La elección de los doce apóstoles (Mt 10.1–4, Mr 3.13–19 y Lc 6.12–16) de parte de Jesús tuvo varios propósitos. Uno de ellos fue el formarlos para ser la primera generación de predicadores cristianos. Marcos lo describe así:

> *Y estableció a doce, para que estuviesen con Él*
> *y para enviarlos a predicar. (Mr 3.14)*

Uno de los datos resaltantes en su proceso de formación como predicadores es el hecho de que fueron enviados a predicar inmediatamente después de ser escogidos:

> *Y yendo, predicad, diciendo:*
> *El reino de los cielos se ha acercado. (Mt 10.7)*

Desde una perspectiva pedagógica es claro que la única manera en que estos sencillos hombres galileos, varios de ellos pescadores sin ninguna experiencia previa de "hablar en público", se convirtieran en articulados y osados predicadores, era con la práctica, práctica y más práctica. En pocas palabras: a predicar se aprende predicando.

Esto debe ser así porque la enseñanza de la predicación cae bajo la categoría pedagógica de "praxis" (reflexión sobre una práctica para mejorarla). Los que mejor aprovechan un proceso formativo de predicación son aquellos que tienen la oportunidad y la responsabilidad de predicar regularmente. Así, pueden contrastar la teoría recibida con su experiencia previa y aplicarla a sus predicaciones futuras.

Si la práctica es tan importante para nuestro crecimiento como predicadores, los procesos formativos deben incluir espacios donde los participantes puedan predicar. Sin espacios de práctica, las posibilidades de aprendizaje se empobrecen grandemente.

4. A predicar se aprende viendo a otro hacerlo

Los apóstoles tuvieron innumerables oportunidades de ver y escuchar predicar a Jesús antes y después de su elección.

> *Aconteció después, que Jesús iba por todas las ciudades y aldeas, predicando y anunciando el evangelio del reino de Dios, y los doce con él. (Lc 8.1)*

Aún más, el mensaje que fueron enviados a predicar era el mismo que Jesús predicaba.

> *Y los envió a predicar el reino de Dios [...] (Lc 9.2)*

Pero no sólo lo vieron y escucharon predicar; también le plantearon interrogantes en relación con sus mensajes, sobre todo cuando empleaba parábolas.

> *Y sus discípulos le preguntaron, diciendo:*
> *¿Qué significa esta parábola? (Lc 8.9)*

Si pudieras preguntarles a los apóstoles cómo aprendieron a predicar, sin lugar a dudas responderían al unísono: "Viendo a Jesús hacerlo".

No siempre este proceso fue exitoso en el corto plazo. Basta recordar el caso de dos de sus primeros seguidores: Juan y Jacobo, quienes, a pesar de haber visto y oído predicar a Jesús en muchas oportunidades, le proponen predicar un mensaje de juicio y destrucción, inspirados en el ministerio de un profeta del pasado:

> *Viendo esto sus discípulos Jacobo y Juan, dijeron:*
> *Señor, ¿quieres que mandemos que descienda fuego*
> *del cielo, como hizo Elías, y los consuma? (Lc 9.54)*

Jesús mismo se ve obligado a corregirlos severamente. Les muestra cuán alejados están del espíritu que lo mueve a Él, en el cual no hay lugar para las represalias ni para la sed de venganza. Les recuerda finalmente que el corazón de su mensaje debe estar centrado en la salvación de las personas y no en su perdición.

En pocas palabras, les encomienda que prediquen como Él y no como suponen que lo hizo el profeta Elías. Y esto fue lo que finalmente ocurrió con Juan, quien terminó convirtiéndose en el gran predicador del amor, la gracia y el perdón.

La gran mayoría de predicadores reconocemos el inmenso aporte que tuvieron otros predicadores en nuestra formación. Desde que iniciamos la vida cristiana estuvimos expuestos a la influencia de varios de ellos. Domingo tras domingo escuchamos a Dios hablar a través de esos predicadores. Sin quererlo, de manera inconsciente, se convirtieron en nuestros maestros de exégesis, hermenéutica y homilética (ver anexo 1). Sus sermones se transformaron, así, en nuestras primeras clases vivenciales de predicación.

Desde una perspectiva pedagógica, la predicación es una habilidad que se aprende a través del ejemplo. De ser así, todo proceso de formación de predicadores debe contar con buenos predicadores que inspiren y sirvan como modelos, de tal manera que despierte entre los participantes el deseo de decir: ¡Cuánto anhelo predicar así!

5. A predicar se aprende abriéndonos a la evaluación

Cuando los doce regresaban de sus giras de predicación, Jesús abría un espacio para compartir, testimonialmente, las experiencias vividas; en especial, el contenido de sus enseñanzas. Marcos lo registra con las siguientes palabras:

> *Entonces los apóstoles se juntaron con Jesús*
> *y le contaron todo lo que habían hecho,*
> *y lo que habían enseñado. (Mr 6.30)*

Lo mismo ocurrió cuando envió a un grupo de setenta discípulos de dos en dos a que anunciaran la inminente llegada del Reino de Dios. Cuando las parejas regresaron de su misión y se encontraron con Jesús, también hubo un espacio para escucharlos. En ese contexto de evaluación afirmadora, Jesús los corrige pastoralmente y les recuerda dónde debe estar el corazón de su satisfacción:

> *Pero no os regocijéis de que los espíritus se os sujetan,*
> *sino regocijaos de que vuestros nombres*
> *están escritos en los cielos. (Lc 10.20)*

En esa misma línea vale la pena destacar cómo Priscila y Aquila, siguiendo también el ejemplo de Jesucristo, enmendaron fraternalmente al gran predicador Apolos, registrado en Hechos 18.24–28, del cual destacaría el siguiente versículo:

Y comenzó a hablar con denuedo en la sinagoga;
pero cuando le oyeron Priscila y Aquila,
le tomaron aparte y le expusieron más exactamente
el camino de Dios. (Hch 18.26)

No es muy difícil deducir el principio de aprendizaje a partir de los relatos bíblicos mencionados: la importancia de la evaluación o la retroalimentación pastoral en nuestro crecimiento como predicadores.

Por diversas razones, pocos predicadores buscan intencionalmente la evaluación de cristianos maduros. Al no hacerlo pierden una gran oportunidad de seguir creciendo como personas y predicadores. De ahí la importancia de que todo proceso de formación de predicadores incorpore espacios pedagógicos donde los participantes no solo prediquen, sino también reciban una evaluación fraterna y objetiva sobre el contenido de su mensaje y la forma de comunicarlo.

6. A predicar se aprende en medio de una atmósfera pedagógica afectiva

En varios pasajes del Evangelio de Juan se destaca el gran afecto que sentía Jesús por sus primeros discípulos. Preparándolos para su partida, les reiteró su amor con estas palabras:

…como había amado a los suyos que estaban
en el mundo, los amó hasta el fin. (Jn 13.1)

> *Como el Padre me ha amado, así yo los he amado;*
> *permaneced en mi amor. (Jn 15.9)*

Esta pedagogía del afecto fue una de las notas más resaltantes en el proceso de formación de los doce por parte de Jesús, brillando aún más en los momentos de fracaso y culpa. El diálogo restaurador con Pedro lo ilustra vívidamente:

> *Simón hijo de Jonás ¿me amas más que estos?*
> *Le respondió: Sí, Señor: Tú sabes que te amo.*
> *Él le dijo: Apacienta mis corderos. (Jn 21.15)*

En el pasado se decía que "la letra con sangre entra". Hoy, en cambio, las nuevas propuestas pedagógicas enfatizan lo contrario: "La letra con afecto entra".

Cuando una persona se siente apreciada y valorada, su disposición para aprender se potencializa grandemente. Por ello, en un proceso de formación de predicadores, es vital construir una atmósfera de afecto que permee todo el proceso de enseñanza y aprendizaje. Veamos su utilidad en dos direcciones prácticas:

a) En este capítulo aprendimos la importancia de recibir una evaluación fraterna y objetiva. Este principio sólo puede aplicarse plenamente en un ambiente altamente afectivo. Sin ella, la evaluación puede terminar siendo fría y académica o, en el peor de los casos, hiriente y humillante para el predicador evaluado.

El proceso de aprendizaje en el área de la predicación demanda también un espíritu enseñable y una gran capacidad para aprender a través del ensayo-error por parte de los participantes, así como humildad para oír e incorporar las correcciones recibidas, sintiéndose agradecido por ellas. Sólo en un ecosistema donde cada persona se sienta profundamente apreciada y valorada, se permitirá el desarrollo de estas cualidades esenciales para un aprendizaje transformador.

b) Otro de los principios desarrollados en este capítulo es la importancia de los procesos formativos de largo plazo. Uno de los mayores obstáculos que enfrentan esta clase de programas son el incremento de los niveles de deserción entre los participantes. Entre los mejores antídotos contra esto se encuentra la construcción de un entorno pedagógico afectivo. La experiencia enseña que uno no abandona fácilmente a las personas a quienes se estima y nos tratan con aprecio y ternura.

7. A predicar se aprende a través de un proceso formativo de largo plazo

A partir del registro de las tres fiestas de la Pascua judía mencionadas en el Evangelio de Juan se calcula que el ministerio público de Jesús duró alrededor de tres años. Una buena parte de este tiempo lo invirtió en la formación de los apóstoles, quienes llegarían a ser los primeros predicadores cristianos. Este proceso formativo, marcado por éxitos y fracasos, continuó aun después de la partida de Jesús a través de la presencia del Espíritu Santo entre ellos. Como resultado de esta prolongada y consistente experiencia formativa, estos predicadores transformaron la faz del mundo grecorromano con su vida y su mensaje.

Las implicancias caen por su propio peso: si Jesús necesitó un proceso de varios años para formar predicadores, cuánto más nosotros. Aunque algunos eventos de corto plazo tienen su lugar y aporte en la formación de predicadores, siempre serán muy limitados en su capacidad de impacto frente a propuestas pedagógicas de largo plazo.

Una vez le preguntaron a un renombrado predicador cuánto tiempo le tomaba preparar un sermón, a lo cual respondió: "Veinte años". Ante el asombro causado por su respuesta, continúo diciendo: "Es que a Dios le toma veinte años preparar a la persona para predicar ese sermón".

De ahí la necesidad de crear e impulsar propuestas de enseñanza-aprendizaje de largo aliento en la formación de predicadores, si anhelamos ver cambios y mejoras significativas en ellos.

En el siguiente capítulo veremos cómo todos estos principios se transforman en propuestas pedagógicas concretas.

Preguntas para seguir reflexionando:

1. *Desde tu propia experiencia, ¿cuál de los siete principios expuestos fue el más vital en tu formación como predicador?*

____

____

____

____

____

____

____

2. *A partir de lo que conoces de la vida y misión de Jesús, ¿podrías proponer otro principio que no hayamos mencionado aquí?*

____

____

____

____

____

____

3. *Si has podido participar en algún taller o seminario de formación de predicadores, ¿podrías identificar alguno de los principios desarrollados en este capítulo?*

____

____

____

____

____

____

____

4. *¿Cómo los principios desarrollados aquí te podrían ayudar a formar mejores predicadores?*

____

____

____

____

____

____

Capítulo 3

La predicación

Desarrollando buenas prácticas de enseñanza-aprendizaje

A continuación, describiré experiencias pedagógicas sobre cómo aplicar los principios expuestos en el capítulo anterior. Estos ejemplos no son presentados como modelos para ser copiados necesariamente, sino, más bien, como "buenas prácticas" cuyo propósito es inspirar e ilustrar. Todo programa de formación de predicadores se ejecuta en contextos sociales muy específicos; por lo tanto, debemos estar abiertos a encontrar formas creativas, y tal vez únicas, de aplicarlo.

Aplicación del principio 1: El mensaje del predicador nace de su vida devocional

La práctica de la "lectura orante de las Escrituras"

La *lectura orante de las Escrituras*, a la cual, coloquialmente llamaremos *orar la Palabra*, es un valioso recurso para profundizar la vida devocional de los creyentes en general y de los predicadores en particular. Esta propuesta busca dinamizar nuestro tiempo de comunión con Dios transformándolo en un fructífero semillero de potenciales mensajes. *Orar la Palabra* es también la manera natural de preparar el corazón

Testimonio

En un momento de mi vida me cansé de mis oraciones. Guiado a mirar la práctica de oración en Jesús descubrí que el Señor oraba la Palabra:

Dios mío, Dios mío, por qué me has desamparado.

Este versículo no es otro que el Salmo 22.1.

*En la misma búsqueda, descubrí Hechos 6.4, donde los apóstoles deciden dedicarse a la oración y al ministerio de la Palabra. Entendí que este binomio era inseparable, de modo que fue muy natural empezar a orar la palabra antes de predicar. De este acertado y feliz descubrimiento, nació el **orar la Palabra**.*

*Ya conocía la práctica espiritual de la Lectio Divina, así que el **orar la Palabra** lo integre con esa disciplina: leer (se enriquece si se usan varias versiones de la Biblia), meditar, orar, preparar, comunicar.*

Con este hábito, se busca iluminación del Espíritu para acceder a su revelación y, sobre todo, que el orante se vuelva el primer auditorio de aplicación del texto por exponer.

Jorge Atiencia
Fundador del Ministerio de Escuelitas de Predicadores

---

del predicador para el cumplimiento de la sublime tarea de proclamar la Palabra de Dios.

A continuación, presentaré un resumen del empleo de esta metodología dentro de un programa de formación de predicadores:

1. Leer el texto bíblico, de preferencia en varias versiones diferentes (ver anexo 2).

2. Guardar silencio para meditar.
3. Orar brevemente y en primera persona inspirados en la porción de las Escrituras leídas.

A continuación, un ejemplo basado en el Salmo 1:

1. Leer el texto en Reina Valera del 60, Dios Habla Hoy, y La Biblia de Nuestro Pueblo.
2. Guardar un tiempo de silencio reflexivo. La siguiente es una pregunta sugerida para guiar nuestra meditación: ¿Por qué Dios desea que yo lea el Salmo 1 en este momento de mi vida?
3. Posibles ejemplos de oraciones inspiradas en los versículos 1 al 3:

    - "Señor, perdóname cuantas veces he dicho 'sí' al consejo de los malos".
    - "Padre, hace cuánto que no me deleito en tu ley".
    - "Dios, dame paciencia para esperar el tiempo del fruto".
    - "Señor, en medio de falsas y tentadoras propuestas de prosperidad, anhelo la plenitud de vida que brota de meditar tu Palabra".

Muchos participantes terminan incorporando en su vida devocional esta práctica espiritual aprendida en los procesos formativos de predicadores. En muchos casos, cuando uno *ora la Palabra* encuentra pensamientos, ideas o temas de futuras predicaciones. Es, a la vez, un buen punto de partida en nuestra preparación para predicar al permitirnos interiorizar las Escrituras, de tal manera que nuestro mensaje no sólo brote de la cabeza, sino también del corazón.

En resumen, orar en primera persona inspirado en un pasaje de la Biblia brinda la oportunidad de renovar nuestra comunión con Dios manteniendo diálogos frescos con Él y transforma la vida devocional en una experiencia más vívida y personal; no permite que esta hermosa tradición cristiana se reduzca a una repetición fría y mecánica de palabras vacías. Para los predicadores, es una forma muy concreta de expresar nuestra dependencia en el Espíritu de Dios, sin en el cual toda predicación pierde su valor y eficacia (ver anexo 7).

Aplicación del principio 2: El mensaje del predicador es una prolongación de su vida

La práctica de la ministración creativa

En un proceso de formación de predicadores buscamos oír a Dios a través de las Escrituras y, como resultado, ver cambios significativos en la vida personal, familiar, ministerial o social de los participantes. Por ello, separamos un tiempo especial para dejar que el Espíritu de Dios reestructure nuestras vidas a la luz de las verdades enseñadas. Este espacio, normalmente posterior a la predicación, es conocido en ciertas tradiciones cristianas como "ministración".

La práctica de la ministración brota también de la conciencia de "proteger la palabra de Dios predicada" de sus enemigos naturales, tal como lo describe Jesús en la Parábola del Sembrador (Lc 8.4–8). Es un esfuerzo intencionado para que la Palabra de Dios, cual semilla, cale hondo en la vida de los que escuchan. Ministrar no es manipular ni, mucho menos, compensar una predicación improvisada con emocionalismo religioso. Ministrar es dar la oportunidad de responder a la voz de Dios oída a través de la exposición de las Escrituras con gratitud arrepentimiento, obediencia y adoración.

Mostraré algunas experiencias sencillas de posibles formas de ministrar:

Experiencia 1: Luego de terminar la predicación se pidió a cada participante permanecer en silencio reflexionando en torno a las verdades expuestas. En medio de este tiempo de quietud, se pidió a Dios aplicar su Palabra a la vida de cada participante.

Experiencia 2: Luego de terminar de predicar, se pidió a cada participante escribir en una frase corta cómo Dios le habló durante el sermón. Luego de compartir en parejas lo escrito, se terminó orando el uno por el otro.

Experiencia 3: Luego de terminar de predicar, se pidió que pasaran al frente los participantes que sintieran la necesidad de una renovación en su ministerio, y en forma conjunta se oró por los que así lo solicitaron.

Experiencia 4: Se pidió a cada participante que resumiera en una sola palabra cómo la predicación de ese día impactó su vida y que en voz alta la compartieran con todos los presentes. Finalmente, se terminó orando al unísono sobre la base de lo compartido.

Muchas veces, para enfatizar la importancia de la ministración en los eventos de formación de predicadores, buscamos que una persona, diferente de la que predicó, ministre al auditorio a partir de las verdades compartidas durante el sermón.

Aplicación del principio 3: A predicar se aprende predicando

La práctica de elaborar sermones y predicarlos

En un proceso de formación de predicadores es vital que los participantes tengan la oportunidad de preparar una exposición bíblica con el fin de ser predicada. A continuación, mostraré un ejemplo de cómo integrar este principio en un proceso de formación de predicadores:

En un taller de cuatro días intensivos con treinta participantes se formaron seis grupos de cinco personas. Día a día los grupos fueron trabajando en la elaboración de un sermón, usando guías especialmente preparadas para ello. El último día se designó a una persona de cada grupo para predicar por no más de siete minutos. De esa manera, todos los participantes pudieron disfrutar y escuchar seis predicaciones breves.

Aplicación del principio 4: A predicar se aprende viendo a otro hacerlo

La práctica de modelar

En un programa de formación de predicadores es vital que los participantes puedan ver y oír a predicadores con experiencia como parte de su proceso de aprendizaje. Una manera de poner en práctica este principio es invitar a los encuentros de formación a personas que sean buenos modelos en la exposición bíblica.

Para poner en práctica este principio, no es suficiente que la persona responsable de predicar y modelar sea un erudito en el campo de la interpretación bíblica; también debe saber aplicar y comunicar el texto bíblico con destreza.

Un buen modelo de predicador es alguien que bendice a su auditorio tanto con su vida como con su mensaje y los inspira a ser mejores personas y predicadores. Una manera de profundizar el impacto de un buen predicador es abrir espacios de diálogo con los participantes del programa de formación.

Los siguientes son ejemplos de preguntas que pueden ser formuladas al predicador:

- ¿Cómo fue el proceso de preparación de su mensaje?
- ¿Qué fue lo más difícil al predicar este pasaje bíblico?
- ¿Cómo construye el puente entre las Escrituras y la realidad actual?
- ¿Cómo encuentra la idea central y la estructura natural del texto bíblico?

- ¿Si tuviera que volverlo a predicar qué cambiaría para mejorarlo?

Aplicación del principio 5: A predicar se aprende abriéndonos a la evaluación

La práctica de la retroalimentación

La planificación de espacios de predicación para los participantes no sólo está en función de adquirir experiencia, sino también de recibir el regalo de una evaluación fraterna y objetiva. Sin ella, las posibilidades de crecimiento y mejora como predicadores se reducen significativamente.

En el capítulo anterior mencionamos que una cualidad necesaria para ser parte de un proceso de formación de predicadores es "ser enseñable". Sólo alguien así podrá aceptar la retroalimentación de sus maestros y compañeros en forma madura y no tomarla como una crítica personal de la cual hay que defenderse.

En los encuentros de formación, los participantes que tengan la oportunidad de predicar deben recibir su retroalimentación respectiva. Algunas posibles preguntas para evaluar una predicación son las siguientes:

- ¿Qué nos habló Dios a través de esta predicación?
- ¿En qué detalles de la predicación percibimos que el predicador conocía y había estudiado el texto bíblico?
- ¿Qué situaciones actuales abordó el predicador?
- ¿Qué recursos pedagógicos utilizó el predicador para dar claridad a su presentación y mantener nuestra atención?
- ¿Qué consejos podríamos darle al predicador para que la siguiente vez lo haga mejor?

Cuando los participantes comprenden la importancia de la evaluación, los animamos a desarrollar el hábito de solicitar evaluaciones honestas de sus predicaciones entre sus amigos cristianos con sólida formación bíblica que tienen la oportunidad de escucharlo predicar regularmente.

No siempre vamos a tener la oportunidad de ser retroalimentados por otros cuando predicamos. Por ello, otro buen hábito es aprender a autoevaluarnos. Aquí algunas preguntas que podemos hacernos luego de predicar:

- Si un familiar cercano escuchara mi predicación, ¿qué me diría?
- Si el autor humano del texto bíblico predicado (Moisés, Mateo, Pablo, etc.) hubiera estado sentado entre mi audiencia, ¿qué me habría dicho?
- Si una persona sin ningún contexto religioso hubiera estado presente durante mi predicación, ¿qué me habría dicho?
- Si el Señor Jesús hubiera escuchando mi predicación, ¿qué me habría dicho?

Aplicación del principio 6: A predicar se aprende en medio de una atmósfera pedagógica afectiva

La práctica del saludo fraterno

Una forma de promover y construir una atmósfera de afecto en medio de un proceso de formación de predicadores es potenciar algo tan habitual, sencillo y espontáneo como el saludo.

En todos los espacios formativos, intencionadamente, se aparta un tiempo para que las personas se saluden entre ellas. En muchas culturas esto se expresa con un apretón de manos, un caluroso abrazo o un beso en la mejilla. Normalmente, el saludo va acompañado de contacto visual y alguna palabra de cariño.

Intencionalmente se busca que el saludo deje de ser un formalismo árido de cortesía obligada para convertirse en un tiempo de fiesta donde celebramos el regalo del compañerismo en la misión de ser portadores de la Palabra de Dios.

El saludo fraterno y profundamente afectivo es una forma de visibilizar y reconocer al otro como parte valiosa de una comunidad convocada por Dios mismo, para ser testigos de su Palabra en medio de un mundo hostil a ella.

Esta clase de saludo puede cambiar radicalmente el ambiente pedagógico, favoreciendo así los procesos de aprendizaje.

Aplicación del principio 7: A predicar se aprende a través de un proceso formativo de largo plazo

El valor de los programas

A continuación, describiré un resumen de un programa de formación de predicadores de tres años de duración. Durante cada año se trabajan tópicos diferentes:

Año 1: Predicando bíblicamente (énfasis en exégesis)

Año 2: Predicando el Nuevo Testamento (énfasis en homilética)

Año 3: Predicando el Antiguo Testamento (énfasis en hermenéutica)

Cada año se realiza un encuentro intensivo de formación de cuatro días de duración. Todos los participantes son divididos en grupos pequeños, los cuales se reúnen mensualmente bajo la dirección de un coordinador. Para participar en los encuentros anuales, es requisito fundamental haber asistido regularmente a las reuniones mensuales. En estas dos clases de espacios formativos, el anual y el mensual, se procura el crecimiento espiritual de los participantes, así como la adquisición de herramientas prácticas para mejorar sus habilidades como predicador.

Otra de las ventajas de programas de largo plazo es el gran potencial para construir relaciones de amistad duraderas entre los participantes. En ese sentido, es estimulante cómo de manera natural se van creando redes y comunidades de predicadores que continúan aun después de finalizado el programa de formación formal. Definitivamente, uno aprende mejor cuando está entre amigos.

En el siguiente capítulo me extenderé con más detalle sobre los programas específicos tanto de los encuentros anuales de cuatro días como de las reuniones mensuales en grupos pequeños.

Preguntas para seguir reflexionando:

1. *¿Cuál de las siete aplicaciones de principios te pareció la más creativa y relevante? ¿Por qué?*

____

____

____

____

____

____

____

2. *¿Cuál o cuáles de estas aplicaciones no serían pertinentes ni reproducibles en tu realidad? De ser así, ¿podrías reemplazarla por otra?*

____

____

____

____

____

____

3. *De las aplicaciones presentadas aquí, ¿podrías modificar alguna de ellas o proponer otras para mejorarlas?*

____

____

____

____

____

____

____

4. *¿Cómo estas aplicaciones potenciarían el desarrollo de un seminario o taller de formación de predicadores?*

____

____

____

____

____

____

____

La predicación

Las "Escuelitas de predicadores" y los "Encuentros anuales de predicación"

En este capítulo presentaré, con mayor detalle, el programa de formación de predicadores implementado en varios países de América Latina, bajo el auspicio de Langham Predicación (ver anexos 3 y 4). Esta propuesta busca integrar todos los principios pedagógicos expuestos en los dos capítulos anteriores con sus respectivas metodologías. Recuerda que esta experiencia formativa sigue abierta a ser evaluada y enriquecida

La escuelita de predicadores

El componente vital de este programa es la denominada "escuelita de predicadores" (también conocida como "club" o "sociedad" de predicadores). El uso del diminutivo "escuelita", en vez de escuela, busca intencionalmente remontar a los adultos a su infancia, a los primeros años de su preparación escolar, cuando aprendieron a leer y a escribir, a sumar y a restar. Esta etapa de la vida estaba caracterizada por una gran disposición a aprender.

Lamentablemente, esta cualidad tiende a perderse con el transcurso de los años en la medida en que se acumula más conocimiento y experiencia. Y, paradójicamente, quienes más rápido lo pueden perder son los predicadores. Por lo tanto,

Testimonio

En febrero del año 2000 mientras un equipo de médicos trataba de luchar por mi vida, unos hermanos amados intercedían por mí y me enviaban palabra de Dios para ministrarme. Como la mayoría de los versículos que recibí aludían al profeta Jeremías, decidí meditar por primera vez en el libro de dicho profeta.

Uno de los versículos que atrapó mi corazón fue Jeremías 31.3: Con amor eterno te he amado; por tanto, te prolongué mi misericordia.

El "prolongué" me supo a prórroga; de ahí que le pregunté al Señor el motivo de ella. Lo empecé a intuir a medida que me adentraba en Jeremías.

Me encontré con el círculo pequeño de Jeremías: él, Baruc y Ebed-Melek.

En este círculo se gestó la visión, un reducido grupo de compañeros que se aman, con la misma pasión por la Palabra y el mismo afán por comunicarla a su realidad en descomposición. Por ser tan pequeña y propicia al aprendizaje celebrante, la llamé **escuelita**.

Habiendo explorado Jeremías por todo un año y orado por dirección del Espíritu, convoqué en el 2001 a la primera escuelita con pastores y líderes laicos de la Iglesia Alianza El Encuentro de Bogotá. Empezó con once participantes con algo del perfil de los miembros del círculo de Jeremías. Una experiencia de laboratorio feliz.

El proyecto buscaba formar un Comité de Púlpito que planeara y compartiera la exposición de la Palabra durante el año. Jamás me imaginé las repercusiones de esta escuelita-laboratorio. Genialidades del Espíritu.

Jorge Atencia
fundador del Movimiento de Escuelitas de Predicadores

ir a una "escuelita de predicadores" evoca la imagen de niños deseosos de aprender.

Será por eso que Jesús demandó a sus seguidores recuperar algunas de las características esenciales de la vida que resaltan en los niños:

> *Si no os volvéis y os hacéis como niños,*
> *no entraréis en el reino de los cielos. (Mt 18.3)*

Parafraseando esta declaración de acuerdo con el contexto de este libro, se puede decir:

> "Si no se vuelven y hacen como niños, nunca serán buenos predicadores".

Como vimos, "ser enseñable", como normalmente lo son los niños, es una cualidad necesaria para aprovechar al máximo la formación propuesta en este programa.

Esbozaré una definición de lo que es una "escuelita de predicadores":

> Es un espacio de gracia donde un pequeño grupo de personas se reúnen para crecer juntos como predicadores bajo la dirección de un coordinador. El corazón de la reunión está en orar inspirados en la Escritura y en realizar prácticas breves de predicación, evaluación fraterna e implementación de los conceptos aprendidos.

Sistematizando lo dicho hasta aquí, una sesión de escuelita tiene los siguientes momentos y orden:

a) **Oración** inspirada en el texto bíblico que se va a predicar.

b) **Saludo** personal y afectivo entre todos los participantes.

c) **Predicación** corta de parte de uno de los participantes.

d) **Evaluación** pastoral y fraterna de la predicación dirigida por el coordinador y con el aporte de todos.

e) **Discusión** de la lectura del material asignado para ese día (ver anexo 6).

Una reunión mensual no menor de dos horas es el tiempo adecuado para el desarrollo de una sesión de la escuelita de predicadores.

Selección y capacitación de los coordinadores de la escuelita de predicadores

La persona responsable de formar y dirigir una escuelita recibe el nombre de "coordinador". Buena parte del éxito y la calidad del proceso de aprendizaje recae sobre sus hombros. De ahí la importancia de una adecuada selección y capacitación para el desempeño de su función.

> "El coordinador es una persona con alguna experiencia en la predicación bíblica y apasionada por ella. Ha recibido entrenamiento sobre cómo preparar y presidir una sesión de escuelita y emplea principios de educación de adultos para promover el aprendizaje".

En ciudades o países donde recién se va a iniciar este programa, se elige a los coordinadores a partir de la recomendación de pastores y líderes respetados.

En ciudades o países donde se ha ejecutado este programa con anterioridad, los nuevos coordinadores son elegidos entre:

a) Los antiguos coordinadores.

b) Las personas que integraron las escuelitas y terminaron el proceso formativo.

c) Las personas recomendadas por líderes y pastores respetados.

Testimonio

Iniciamos nuestra escuelita en la iglesia, nos reuníamos una vez al mes y así continuamos por un periodo de cinco años. La reunión duraba tres horas, tiempo que repartíamos en orar la Palabra, saludarnos, tomar un refrigerio, exponer la Palabra, compartir lo que escuchábamos de Dios para nuestras vidas, evaluar la ruta expositiva, revisar las lecturas asignadas y realizar la agenda para la próxima reunión.

Durante esos años transitamos juntos la ruta expositiva una y otra vez. En todas nuestras reuniones siempre hubo una exposición que ante todo era una Palabra de Dios para los que participábamos en la escuelita y no solamente un ejercicio académico. Luego, evaluábamos los tres pilares de la exposición bíblica. Retroalimentábamos y dábamos sugerencias para que el expositor de turno fuera animado a incorporar aquello que necesitaba fortalecer, y también lo felicitábamos por sus avances. Era una rica experiencia de compañerismo cristiano y compromiso con la exposición bíblica, así como de madurez espiritual. Gracias a esta escuelita, la iglesia se ha visto bendecida con tres prometedores predicadores que aman a Dios y a la exposición de su Palabra.

Hugo Neira
coordinador de escuelita

Una vez establecidos los contactos con los futuros coordinadores, se acordará una fecha para realizar un encuentro de formación de dos días, el cual se divide en tres bloques de enseñanza:

    Bloque 1: El coordinador prepara
    Bloque 2: El coordinador preside
    Bloque 3: El coordinador promueve el aprendizaje

Cada una de estas secciones se inicia con un tiempo para "orar la Palabra" y una exposición bíblica que desarrolla una perspectiva cristiana sobre la importancia de prepararse, presidir y promover el aprendizaje. Un ejemplo sería predicar sobre Jesucristo como modelo de coordinador, mostrando cómo se preparaba, presidía y promovía el aprendizaje.

Luego de las exposiciones bíblicas se desarrollan talleres interactivos donde los futuros coordinadores aprenden herramientas prácticas sobre los temas de cada bloque aplicados al trabajo de un coordinador en la dirección de una escuelita de formación de predicadores (ver cuadro 1).

El perfil del coordinador de la escuelita de predicadores

En un encuentro de formación de coordinadores de América Latina se propuso el *Decálogo para guiar la vida y el ministerio del coordinador* (ver pág. siguiente).

La conformación de la escuelita de predicadores

El coordinador no sólo dirige la "escuelita", sino también la forma. Luego de la capacitación recibida para desempeñarse como un coordinador, su primera tarea será abocarse a constituir su propia escuelita. Para ello, procederá a invitar un número reducido de predicadoras y predicadores (una cantidad ideal sería entre 5 a 7 personas) teniendo en cuenta los siguientes criterios de selección:

a) Un predicador que cultiva la espiritualidad.
b) Un predicador enseñable.
c) Un predicador con cierta experiencia.
d) Un predicador apasionado por su tarea.
e) Un predicador con una trayectoria ministerial parecida a la del coordinador. (Ejemplo: si el coordinador es pastor, debe tratar de invitar a otros pastores).
f) Un predicador, de preferencia con quien mantenga una relación amical.

Decálogo para guiar la vida y el ministerio del coordinador

1. Ama con todo su ser al Dios de la Palabra,
al Hijo que la encarna
y al Espíritu que la ilumina.

2. Cultiva una vida coherente en lo que es, dice y hace.

3. Prepara en oración y con anticipación
el encuentro con los mentorados.

4. Escucha en silencio antes de hablar.

5. Preside con solicitud, gracia y autoridad
implementando una pedagogía
basada en el amor y la verdad.

6. Renuncia a todo ejercicio corrupto del poder.

7. Establece metas significativas para que los
mentorados crezcan como personas y predicadores.

8. Promueve la formación de expositores bíblicos
fieles al texto, relevantes a su contexto
y claros en su comunicación.

9. No olvida que siempre es un aprendiz.

10. Es un modelo para los mentorados
en la comunión con Dios, el trato a los demás
y en la pasión por estudiar y predicar
la Palabra de Dios.

Cuadro 1: Horario de un encuentro de formación de coordinadores

Hora	Día 1	Día 2
07:00 - 08:00	Bienvenida	Devocional personal
08:00 – 08:45		Desayuno
09:00 - 09:30	Orar La Palabra	Orar La Palabra
09:30 - 10:30	Exposición bíblica: Jesús prepara	Exposición bíblica: Jesús promueve aprendizaje
10:30 - 11:00		Refrigerio
11:00 - 13:00	Demostración de una "escuelita"	Taller: El coordinador promueve aprendizaje
13.00 - 14:00		Almuerzo
14:00 - 15:00		Descanso
15:00 - 17:00	Taller: El coordinador prepara	Práctica de coordinadores: dirigiendo escuelitas
17:00 - 17:30	Refrigerio	Cierre
17:30 - 18:00	Orar La Palabra	
18:00 - 19:00	Exposición bíblica: Jesús preside	
19:00 - 21:00	Taller: El coordinador preside	Salida
21:00 - 22:00	Cena	
22:00 - 23:00	Planificación	

Testimonio

La escuelita significó para mí el inicio de un largo pero fascinante camino: el camino de la predicación bíblica. Un camino imposible de transitar sola. Por ello, en la escuelita tuve un coordinador guiándome, unos compañeros animándome, unos autores inspirándome y, lo más importante, al Espíritu Santo iluminándome.

En este camino recibí herramientas que me ayudarán a escuchar la voz de Dios en las Escrituras y, de esta manera, poder ser un canal para que otros también la escuchen por medio de la predicación, la cual, como aprendí en la escuelita, debe ser bíblica, cristocéntrica, pertinente, sencilla y tiene que buscar siempre la gloria de Dios.

Marcela Roa
integrante de escuelita

Las personas invitadas deben estar dispuestas y comprometerse a asistir una vez al mes a la reunión de su escuelita y una vez al año al encuentro de formación de predicadores de cuatro días de duración, por los próximos tres años.

Vale destacar, entonces, que a este programa de formación de predicadores no se participa por iniciativa personal o en respuesta a algún tipo de publicidad (la cual no es necesaria), sino a través de la invitación de un coordinador capacitado. Una de las razones para proceder así es asegurar el adecuado perfil de los participantes del programa y de este modo disminuir la tasa de deserción. En resumen, si una persona no ha sido invitada por un coordinador y no es parte de una escuelita, no hay manera de poder ser parte de este proceso de formación.

Nunca hay que olvidar que la "escuelita" no es un espacio de discipulado general, sino diseñado para la formación de predicadores.

Los encuentros anuales de formación de predicadores

Una vez seleccionados y capacitados los coordinadores y conformadas las respectivas escuelitas, todos los participantes, incluidos los coordinadores, deben juntarse por cuatro días, una vez al año, por los próximos tres años, en una reunión a la cual llamaremos "Encuentro Anual de Formación de Predicadores".

En el primer encuentro (Nivel 1) se trabajarán los principios de la predicación bíblica con énfasis en la fidelidad al texto bíblico; en el segundo (Nivel 2), se abordará cómo predicar un género literario del Nuevo Testamento haciendo hincapié en la claridad en la comunicación, y en el tercero (Nivel 3), se desarrollará como predicar un género literario del Antiguo Testamento realzando la necesidad de ser pertinente al contexto donde predicamos. Los géneros literarios por enseñar, tanto del Nuevo como del Antiguo Testamento, son elegidos normalmente por los propios coordinadores (ver el cuadro 2).

Cada día el encuentro de formación se abre con un tiempo devocional en el que nuestras oraciones son moldeadas por el texto bíblico que se va a exponer ese día. Luego del saludo fraterno, se predica la porción bíblica elegida acorde con el énfasis anual y se ministra a los participantes. Luego de un tiempo de descanso, se realiza un taller dinámico. El primer día será un taller general de exégesis; el segundo, uno de homilética, y el tercero, de hermenéutica, acorde con el género literario de la Biblia elegido. Estos talleres incorporan creativamente los aportes de los principios de educación de adultos.

La tarde se estructura para tener tiempos de trabajo individual y grupal. Los grupos normalmente se organizan con base en los coordinadores presentes y sus respectivas escuelitas. El propósito es que cada grupo experimente y aprenda el proceso de elaboración de un sermón, el cual deberá ser predicado por un representante del grupo el último día del

Cuadro 2: Programa de formación de expositores bíblicos - Langham Predicación

		Primer año Fundamentos de la predicación expositiva		Segundo año Predicando del Nuevo Testamento		Tercer año Predicando del Antiguo Testamento		Cuarto año Consolidación	ACTUALIZACIÓN
Eje transversal: Espiritualidad y semejanza a Cristo	Capacitando futuros coordinadores	Nivel 1	Escuelitas	Nivel 2	Escuelitas	Nivel 3	Escuelitas	Capacitando a capacitadores	
Preparación	Encuentro de dos días Capacitando a futuros expositores de escuelitas								
Fidelidad		Principios de exposicion bíblica Énfasis: Fidelidad al texto	Reuniones mensuales Práctica en exégesis bíblica						
Claridad				Un género de NT. Énfasis: Claridad en la comunicacion	Reuniones mensuales Práctica en predicación del NT.				
Actualidad						Un género de AT. Énfasis: Pertinencia al auditorio	Reuniones mensuales Práctica predicación pertinente del AT.		
Autenticidad: Semejanza a Cristo								Entrega de certificados y capacitación a nuevos coordinadores	

Cuadro 3: Horario de un encuentro anual de formación de predicadores

Hora	Día 1	Día 2	Día 3	Día 4	Día 5
07:00 – 08:00		Devocional personal			
08:00 – 08:45		Desayuno			
09:00 – 09:30		Orar La Palabra			
08.30 – 10:30		Exposición bíblica	Exposición bíblica	Exposición bíblica	Exposiciones participantes
10:30 – 11:00		Receso			
11:00 – 13:00		Taller Exégesis	Taller Hermenéutica	Taller Homilética	Clausura
13.00 – 14:00		Almuerzo			
14:00 – 15:00		Descanso			
15:00 – 16:30		Trabajo personal Trabajo grupal	Trabajo personal Trabajo grupal	Trabajo personal Trabajo grupal	
16.30 – 17:00		Receso			
17:00 – 19:00		Plenaria	Plenaria	Plenaria	
19:00 – 20:00		Cena			
20:00 – 21:30	Orar La Palabra Exposición Bíblica	Presentación Ministerio Langhan	Trabajo en grupo	Trabajo en grupo	
21:30 ...		Descanso			

encuentro, recibiendo la evaluación respectiva. Por las noches se realizan plenarias donde cada grupo presenta el resultado de su trabajo, el cual puede ser retroalimentado por todos los participantes (ver el cuadro 3).

La realización de un encuentro anual de formación de predicadores requiere del concurso de personas con cierta experiencia y destreza para predicar y facilitar talleres para adultos en las áreas de la exégesis, la homilética y la hermenéutica.

A continuación, resumiré paso a paso el desarrollo del programa de formación de predicadores presentado en este capítulo:

1. Convocatoria y selección de coordinadores
2. Capacitación de coordinadores
3. Conformación de las escuelitas
4. Realización del primer encuentro anual de formación de predicadores: Los Fundamentos de la Predicación Bíblica
5. Reuniones mensuales de las escuelitas de predicadores con énfasis en exégesis
6. Realización del segundo encuentro anual de formación de predicadores: Predicando el Nuevo Testamento
7. Reuniones mensuales de las escuelitas de predicadores con énfasis en homilética
8. Realización del tercer encuentro anual de formación de predicadores: Predicando el Antiguo Testamento
9. Reuniones mensuales de las escuelitas de predicadores con énfasis en hermenéutica
10. Clausura del programa y capacitación de nuevos coordinadores.

Preguntas para profundizar nuestra reflexión:

1. *Define con tus propias palabras qué es una escuelita de predicadores.*

____

____

____

____

____

____

2. *A partir del decálogo del coordinador de una escuelita de predicadores, ¿cuál sería tu mayor fortaleza y tu mayor debilidad para desempeñar esta tarea?*

____

____

____

____

____

____

3. De este programa de formación de predicadores, ¿qué cambios sugerirías para mejorarlo?

____

____

____

____

____

____

____

4. ¿Cómo la implementación de estas propuestas perfecciona un programa de formación de predicadores?

____

____

____

____

____

____

____

Capítulo 5

La predicación

El uso de talleres
en la enseñanza de la predicación

Uno de los momentos de aprendizaje vitales en los encuentros anuales de formación de predicadores son los talleres. Aunque todo el encuentro es planeado y organizado teniendo en cuenta los aportes de la educación de adultos, es en la elaboración, la planeación y la ejecución de talleres dinámicos e interactivos donde intencionalmente buscamos pasar de una enseñanza centrada en el maestro a una centrada en el estudiante.

Uno de los errores frecuentes cometidos por personas invitadas a facilitar un taller de exégesis, hermenéutica u homilética es no respetar el formato pedagógico de un taller. Cuando esto ocurre, se convierte en una clase magistral dominada por el monólogo, donde la única interacción de los participantes se reduce a preguntar.

En un verdadero taller, los participantes aprenden interactuando y no solo escuchando; así, la persona responsable de conducirlo es simplemente un facilitador del aprendizaje. Bajo esta perspectiva, promueve experiencias pedagógicas con las cuales las personas aprenden sin la necesidad de haber un maestro enseñando. En pocas palabras, se vuelven protagonistas de su propio aprendizaje y son capaces de construir y deconstruir su propio conocimiento.

Veamos algunos principios básicos que el facilitador debe tener en cuenta a la hora de preparar y desarrollar un taller dinámico e interactivo:

1. Parte de las experiencias y del conocimiento previo de los participantes.
2. Crea espacios donde los mismos participantes aprenden mientras enseñan.
3. No se da información a la que los participantes pueden acceder por sí mismos.
4. Fomenta la praxis: reflexión sobre la práctica.
5. Acorde con sus objetivos de enseñanza, selecciona espacios personales, grupales y comunitarios de aprendizaje.
6. Problematiza la teoría desafiando a los participantes a resolver ejercicios pedagógicos.

A continuación, presentaremos *tres ejemplos de talleres* para facilitar el aprendizaje de la exégesis, la hermenéutica y la homilética.

1. Taller de exégesis: el valor de la intención del autor y cómo descubrirlo

Trabajo personal

a. Dividir a los participantes en dos grupos. Las personas del primer grupo leerán individualmente y en silencio 2 Reyes 21. El otro grupo leerá 2 Crónicas 33.1–20.

b. Cuando todos terminen de leer, haz la siguiente pregunta:
   - ¿El rey Manasés al final de sus días se arrepintió de sus pecados y se comprometió a reconstruir el templo de Jerusalén?

   Los lectores de 2 Reyes deben responder NO, y los de 2 Crónicas responderán SÍ.

c. Intercambiar los textos asignados originalmente a cada grupo y pedir nuevamente leerlo en silencio. Luego, volver a hacer la misma pregunta. Esta vez cada grupo deberá responder en sentido contrario.

Trabajo grupal

Formar grupos de no más de cinco personas. Cada grupo tendrá que encontrar la solución a la contradicción sobre el final de la vida del rey Manasés según los relatos de Reyes y Crónicas.

Plenaria

a. Abrir un espacio donde algunos grupos puedan compartir sus explicaciones.

b. Estar atento a quienes expliquen las diferencias a partir de la intención que tuvieron los escritores de Reyes y Crónicas. Enrumbar la discusión en ese camino.

c. Direccionar el debate leyendo el final de los libros tanto de 2 Reyes (25.27–30) como de 2 Crónicas (36.22–23).

d. Para descubrir la intención del autor necesitamos responder:

- ¿A quiénes les fue escrito cada uno de estos libros? (Reyes: judíos cautivos en Babilonia; Crónicas: judíos que han regresado de la cautividad de Babilonia a Jerusalén durante el periodo persa).
- ¿Qué problemas enfrentan cada uno de sus auditorios? (Reyes: ¿Por qué Dios permitió que fuéramos deportados a Babilonia?; Crónicas: Falta de compromiso con la reconstrucción del templo de Jerusalén de quienes regresaron del exilio).
- ¿Cuál fue entonces la intención del autor de Reyes y Crónicas al escribir sus libros?
- ¿Cómo el descubrimiento de la intención del autor nos ayuda a entender las formas diferentes de presentar los días finales del rey Manasés?
- ¿Por qué todo libro de la Biblia tiene que ser leído a la luz de la intención que el autor tuvo al escribirlo?

2. Taller de hermenéutica: cómo aplicar la Ley de Dios a nuestros días

Trabajo grupal 1

Se dividirá a todos los participantes en diez grupos. A cada grupo se le asignará un mandamiento de la Ley de Dios. Luego de leerlo, cada grupo deberá analizarlo con base a las siguientes preguntas:

a.   ¿Cuál fue el objetivo de esta ley?

b.   ¿Qué tipo de situación está intentando prevenir o promover?

c.   ¿Qué tipo de personas habrían sido beneficiadas o protegidas por esta ley?

d.   ¿Qué motivaciones tuvieron para obedecer esta ley, sea que estén explícitas en el texto o implícitas en la historia de la salvación?

e.   ¿Qué valores, normas o principios están contenidos en esta ley?

Trabajo grupal 2

A continuación, se encontrará ejemplos de aplicaciones de cada uno de los ***diez mandamientos***. Que cada grupo lea el mandamiento analizado en el trabajo grupal 1 y discuta si su aplicación es correcta o no.

Primer mandamiento: No tendrás dioses ajenos delante de mí (Dt 5.7)

Un pastor llega a ser presidente de una nación. Conforme prometió en su campaña electoral e invocando el primer mandamiento de la Ley de Moisés emite un decreto en el que anula la Ley de Libertad de Cultos y penaliza con cárcel toda manifestación religiosa pública excepto la cristiana. Las confesiones religiosas no cristianas sólo podrán practicar su devoción al interior de sus casas.

Segundo mandamiento: No harás para ti escultura
ni imagen alguna de cosa que está arriba en los cielos [...]
(Dt 5.8-10)

El nuevo papa busca extirpar todo rastro de expresiones idolátricas al interior de la Iglesia Católica. Invocando el Segundo Mandamiento de la Ley de Moisés, emite un edicto papal en el que ordena el retiro y la destrucción de toda forma de arte visual (esculturas, pinturas etc.) al interior de los templos católicos de todo el mundo. Éstas incluirían las famosas esculturas y pinturas de Miguel Ángel y otros artistas de similar renombre.

Tercer mandamiento: No tomarás el nombre de Jehová
tu Dios en vano [...] (Dt 5.11)

Un conocido y famoso grupo de rock en una de sus canciones incluye la frase: "Dios es unególatra que no puede vivir sin que los hombres lo adoren". En respuesta a esta música irreverente e invocando el tercer mandamiento de la Ley de Moisés, un grupo de sacerdotes y pastores pide a las autoridades de la ciudad que prohíban su presentación por considerarla ofensiva a la creencia de la mayoría de sus ciudadanos. Además, le exige a la banda que elimine la estrofa en cuestión y deja entrever que habrá alguna reacción divina que podría poner en peligro la vida de sus componentes.

Cuarto mandamiento: Guardarás el día de reposo [...]
(Dt 5.12–15)

Luego de mucho esfuerzo y sacrificio un atleta clasifica para correr los cien metros planos representando a su país en las próximas olimpiadas. Una vez allá, se entera de que la carrera en que le toca competir se va a realizar el día sábado. El joven atleta de fe adventista le comunica al jefe de su delegación olímpica que con mucha pena y dolor ha tomado la decisión de retirarse de la competencia, para lo cual señala que correr sería transgredir el cuarto mandamiento de la Ley de Moisés.

Nota: La Iglesia Adventista es una comunidad religiosa que guarda el sábado como el día de reposo, tal como ordena la Ley de Moisés, y critica a las comunidades cristianas por haber cambiado el día del Señor al domingo. Es muy estricta en la observancia literal de la Ley.

Quinto mandamiento: Honra a tu padre y a tu madre [...] (Dt 5.16)

Una joven cristiana fue violada reiteradamente por su padre durante su infancia. Él ha reconocido su falta y le ha pedido perdón a su hija. Ella siente, dentro de su proceso de sanidad, la necesidad de denunciar judicialmente este abuso, sobre todo pensando en el riesgo que corren los niños que interactúan con su padre; pero no lo hace porque piensa que eso sería deshonrar a su padre y atentaría contra el quinto mandamiento de la Ley de Moisés.

Sexto mandamiento: No matarás (Dt 5.17)

Una de las claves en la derrota del movimiento subversivo Sendero Luminoso en el Perú fue la estrategia del gobierno de dar armas y un entrenamiento militar básico a los pobladores de las comunidades campesinas de la serranía peruana. Así, surgieron las rondas campesinas, cuya función era protegerlos de las incursiones de este grupo terrorista. Muchos de los dirigentes de estas comunidades muy pobres eran cristianos evangélicos, ya que, debido a su moral, destacaban del resto de los pobladores. Ellos asumieron en muchos casos la dirección de dichas rondas, lo cual implicó que tomaran las armas y participaran en enfrentamientos violentos con las huestes senderistas. Muchos releyeron las páginas del Antiguo Testamento y se sintieron parte del Ejército de Dios luchando contra Satán. Esto trajo una fuerte crítica, sobre todo de las iglesias urbanas, que alegaron para ello la violación del sexto mandamiento y del espíritu pacifista y no violento de Cristo Jesús.

Séptimo mandamiento: No cometerás adulterio (Dt 5.18)

Al llegar los misioneros a la India, encontraron la poligamia como estructura familiar dominante. Cuando un hombre que tenía varias esposas se hacía cristiano, los misioneros invocaban el séptimo mandamiento de la Ley de Moisés para pedirle que entre todas sus mujeres escogiera sólo una como esposa. El hombre, recién convertido, así lo hacía. Elegía a una y despedía a las otras diciéndoles que ahora que era cristiano solo podía tener una esposa. El resultado de esta acción era que las mujeres despedidas terminaban suicidándose, porque en la cultura hindú no es posible para una mujer vivir sin marido.

Octavo mandamiento: No hurtarás (Dt 5.19)

En uno de los rollos del mar Muerto se encontró una demanda judicial que un grupo de empresarios porcinos, que vivieron entre el año 30 y 33 d. C., entablaron contra un hombre llamado Jesús de Nazaret ante los tribunales de la ciudad de Gadara por apropiación ilícita de la propiedad privada por parte del acusado, al tomar sin la autorización de los legítimos dueños un hato de muchos cerdos que no le pertenecían y ordenar que una legión de demonios entrara en estos indefensos animales. Esto llevó a los cerdos a tirarse por un despeñadero y morir ahogados en el mar de Galilea. Para ello, citan a un tal san Mateo como testigo ocular de los hechos, tal como lo registró en su Evangelio en el capítulo 8 versículos 28 al 34. Invocando el octavo mandamiento de la Ley de Moisés pedían una indemnización de 100 000 denarios.

Noveno mandamiento: No dirás falso testimonio contra tu prójimo (Dt 5.20)

Un misionero europeo se encuentra en pleno proceso de construcción de un albergue infantil para niños que viven en las calles. El país es gobernado por uno de los regímenes más corruptos de su historia. El robo de los fondos públicos y la impunidad al respecto son claros y evidentes. Frente a esta situación, el misionero decide comprar de manera formal sólo la mitad de los insumos requeridos para la construcción, y la otra mitad lo compra informalmente para así evitar el pago del impuesto a las ventas. De ese modo, expresa su protesta contra el gobierno y evita que este dinero termine en las manos de un funcionario corrupto, y el monto no pagado en impuestos lo invierte en los niños del albergue.

Cuando le comenta eso al pastor de su iglesia, éste le dice que así está violando el noveno mandamiento de la Ley de Moisés y le insta a que pague la totalidad de los impuestos al Estado. También le dice que juzgar a las autoridades sólo le compete Dios y no a los hombres, pero el misionero continúa haciendo lo mismo.

Décimo mandamiento: No codiciarás a la mujer de tu prójimo ni desearás la casa de tu prójimo […] (Dt 5.21)

Un profesor de historia enseña cómo la codicia fue el motor que impulsó la conquista española de las Américas. Sin ella, dice, no hubiera sido posible las grandes hazañas militares y colonizadoras que lograron personas como Hernán Cortés y Francisco Pizarro. Si hubieran obedecido el décimo mandamiento de la Ley de Moisés, las Américas jamás hubieran sido dominadas. Afirma que no es posible ser sanamente ambicioso y no ser codicioso.

Plenaria

Un representante de cada grupo dará su respuesta en el plenario, empezando por el primer mandamiento. Luego, se preguntará a todos los participantes si están de acuerdo o no con la respuesta dada. Si alguien tiene una respuesta diferente, se le dará un tiempo corto para exponerlo desde su asiento. Se continuará así hasta terminar con los diez mandamientos. Finalmente, se dará la respuesta correcta. Desde el punto de vista del facilitador, todos los ejemplos de aplicación son incorrectos.

3. Taller de homilética: la introducción, las ilustraciones y la conclusión en la exposición bíblica

Trabajo personal

Leer la introducción, el punto 1 del cuerpo y la conclusión del sermón "El Reino, el Espíritu y la Palabra: Haciendo teología desde América Latina" (ver anexo 5).

a. Menciona dos propósitos de la introducción.

1. ____

____

2. ____

____

b. Señala dos propósitos de las ilustraciones.

1. ____

____

2. ____

____

c. Menciona dos propósitos de la conclusión.

1. ____

____

____

2. ____

____

Trabajo grupal

Dividir a todos los participantes en un mínimo de seis grupos de máximo cinco personas cada uno. En caso de ser necesario pueden formarse más grupos. De manera proporcional se asignará a cada grupo uno de los siguientes temas: introducción, ilustración y conclusión.

a. De acuerdo al tema asignado, cada participante del grupo compartirá una nueva propuesta de introducción, ilustración o conclusión que se podría emplear en el sermón leído anteriormente. Cada grupo elegirá la mejor propuesta de las presentadas.

b. Todos los grupos con el mismo tema formarán dos círculos concéntricos. El círculo interior estará formado por un representante del grupo original y en el círculo exterior estarán los demás participantes.

c. Cada miembro del grupo interior compartirá la introducción, ilustración o conclusión elegida por su grupo de origen. Los integrantes del círculo exterior expresarán sus impresiones al respecto. Luego de escuchar a todos sus integrantes, elegirán la propuesta que consideren mejor y más apropiada.

Plenaria

a. La introducción, la ilustración y la conclusión elegidas se compartirán con todos los participantes.

b. Se abrirá una discusión sobre en qué medida las propuestas elegidas cumplieron los siguientes objetivos:

- La introducción: Ganándose el derecho de ser escuchados.
- La ilustración: Construyendo imágenes con palabras
- La conclusión: El arte de tocar el corazón

Preguntas para seguir reflexionando:

1. *¿Cuál es la diferencia entre un taller interactivo y una clase monologal?*

____

____

____

____

____

____

2. *¿Por qué la enseñanza de la exégesis, la hermenéutica y la homilética debe darse a través de talleres interactivos y no de clases dominadas por el discurso de un maestro?*

____

____

____

____

____

____

3. *Piensa en algunos principios necesarios para interpretar fielmente la Biblia a fin de aplicarla con pertinencia y comunicarla con claridad. ¿Cómo podrías enseñarlos a través de un taller interactivo?*

____

____

____

____

____

____

____

4. *¿Cómo el uso de talleres pedagógicos dinámicos podría mejorar el proceso de aprendizaje en el campo de la predicación?*

____

____

____

____

____

____

____

Glosario

Exégesis

"Es el proceso de investigación por el cual se extrae el significado original de un texto, con el fin de lograr un entendimiento del mensaje de su autor, Dios" (Jorge Atiencia. *Acercamiento exegético*. Cartilla 3 de las escuelitas de exposición bíblica).

Hermenéutica

"Es esencialmente la ciencia, el arte y el ministerio de explicar en una situación histórica actual la Palabra de Dios que originalmente fue explicada en un medio ambiente hebreo o grecorromano, con el propósito de lograr que la vida de los lectores y oyentes se conformen a la voluntad de Dios" (René Padilla. *Hacia una hermenéutica contextual*).

Homilética

Es el arte y ministerio de ordenar las ideas que surgen del texto bíblico y de expresarlas de tal forma que sean asimiladas claramente por un auditorio particular" (Jorge Atiencia. *Acercamiento homilético*. Cartilla 5 de las escuelitas de expositores bíblicos).

El uso de las traducciones, revisiones y versiones de la Biblia en la predicación y formación de predicadores

Una de las herramientas más útiles en la formación de predicadores es aprovechar la riqueza de contar con más de cincuenta traducciones y versiones de la Biblia al español.

Aunque reconocemos el valor de la Reina Valera en la formación de la espiritualidad del pueblo evangélico en América Latina, el predicador tiene acceso hoy a un recurso inimaginable hace varias décadas, cuando las traducciones y versiones existentes en castellano se podían contar con la palma de una mano.

Su aplicación a un programa de formación de predicadores es variada. Va desde el desarrollo de la espiritualidad hasta el enriquecimiento del trabajo exegético, hermenéutico y homilético. Veamos algunos ejemplos:

El uso de diversas versiones de la Biblia para "orar la Palabra"

Como parte del proceso de preparación espiritual, sea personal o comunitario, se anima a los predicadores a leer en varias traducciones y versiones el fragmento bíblico que está pensando predicar, permitiendo una primera y mejor comprensión del texto sin necesidad de otro tipo de recurso. Ésta es la mejor manera de prepararnos para "orar la Palabra".

Por ejemplo, el Salmo 1.1:
Reina Valera del 60 dice:

> *Bienaventurado el varón*
> *que no anduvo en consejo de malos [...].*

La Biblia de Nuestro Pueblo dice:

> *Dichoso quien no acude a la reunión de los malvados [...].*

Sin mayor esfuerzo, sólo leyendo dos traducciones diferentes puedo conectar el significado de la palabra "bienaventurado" con "dichoso". Esto enriquece mi oración cuando dejo que estas palabras moldeen mi oración:

> "Señor, gracias porque anhelas mi dicha, incluso mucho más que yo. Ayúdame a entender que el camino para alcanzarla comienza teniendo el valor de decir 'no' a toda forma de maldad, aunque venga revestida con argumentos lógicos".

Esta oración también nos permite vislumbrar un posible tema de predicación:

> "El camino hacia la dicha duradera: aprendiendo a decir no".

Por supuesto que estas primeras impresiones obtenidas a través de la lectura del texto bíblico en varias traducciones y la oración deben ser confirmadas con un estudio más profundo y riguroso.

El uso de diversas traducciones de la Biblia en el trabajo exegético

Muchos de los que participan en un programa de formación de predicadores no poseen una educación teológica formal y deben aprender los elementos básicos de la exégesis. Un principio práctico de interpretación bíblica brota del manejo de varias traducciones y versiones de la Biblia: un sermón con buen sustento exegético debe poder predicarse independientemente de la versión de la Biblia que use.

El hecho de que un determinado sermón sólo pueda ser predicado con una versión particular de las Escrituras y no con otra, generalmente indica debilidad en el estudio del texto bíblico. En este caso, el sermón está más ligado con las palabras del texto bíblico que con las verdades que ellas expresan, más con la forma que con el fondo. Esto debe ser tomado como una voz de alerta sobre la necesidad de hacer un trabajo exegético más profundo y riguroso.

Lo ilustraré con un ejemplo sencillo: si uno lee Lucas 4.17 en la versión Reina Valera del 60, dice:

> *Y se le dio el libro del profeta Isaías; y habiendo*
> *abierto el libro, halló el lugar donde estaba escrito:*

Hay personas que utilizan esta porción bíblica para justificar una práctica muy difundida en la cristiandad popular latinoamericana, y es seleccionar un texto bíblico al azar y asumir que Dios mismo lo escogió para hablarme de manera directa. Sustentan esta manera de proceder diciendo que así leía Jesús las Escrituras y dan como ejemplo cuando en la sinagoga abrió al azar el libro del profeta Isaías y leyó donde sus ojos se posaron.

Si uno tuviera sólo la versión Reina Valera podría pensar de esta manera, pero leamos este mismo pasaje como lo narra la "Reina Valera actualizada":

> *Se le entregó el rollo del profeta Isaías; y cuando abrió*
> *el rollo encontró el lugar donde estaba escrito:*

Al leer ambas versiones juntas, podemos captar que el texto bíblico leído por Jesús no fue seleccionado al azar, porque, en ese tiempo, no existían libros como hoy en día, sino que eran manuscritos de pergamino, el cual uno iba desenrollando con las manos mientras el texto aparecía ante nuestros ojos. En consecuencia, a diferencia de lo dicho más arriba, Jesús buscó de manera intencional el texto que leyó en la Sinagoga de Nazaret.

El uso de varias versiones también permite reconocer que la Biblia fue escrita en hebreo, arameo (Antiguo Testamento) y griego (Nuevo Testamento). Por lo tanto, las traducciones de la Biblia a cualquier otra lengua son "Palabra de Dios" en la medida que reproduce fielmente las verdades plasmadas en los idiomas originales. Eso facilita entender la importancia de utilizar herramientas gramaticales en el trabajo exegético.

El uso de diversas versiones de la Biblia enriquece el lenguaje homilético

El estudio de un texto bíblico usando varias versiones aumenta nuestro vocabulario y ayuda a expresar una misma verdad teológica con diferentes palabras potenciando las capacidades comunicativas cuando se predica la Palabra de Dios.

Si volvemos al ejemplo del Salmo 1.1, puedo alternar la palabra "bienaventurado" con "dichosos" o "felices". Asimismo, la frase "consejo de malos" se aclara y amplifica al decir "reunión de los malvados".

En conclusión, la primera herramienta que debemos promover en un programa de formación de predicadores es aprender a usar las diferentes versiones de la Biblia, que gracias a la tecnología las tenemos al alcance de la mano.

Presentando
a la Sociedad Langham

La Sociedad Langham es una comunidad mundial que trabaja para poner en práctica la visión dada por Dios al fundador John Stott: facilitar el crecimiento de la iglesia en madurez y en semejanza a Cristo a través de altos estándares de predicación y enseñanza bíblica.

El nombre "Langham" se deriva de la iglesia de All Souls, localizada en Langham Place, Londres, donde John Stott ministró durante sesenta años. Ahora es una organización internacional e interdenominacional, desarrollada y sostenida por una creciente comunidad de países en cada continente del mundo.

Nuestra visión

Es ver iglesias equipadas para la misión y crecientes en madurez en Cristo a través del ministerio de pastores y líderes que creen, enseñan y viven la Palabra de Dios.

Nuestra misión

Es fortalecer el ministerio de la Palabra de Dios mediante estas acciones:

- Nutrir movimientos nacionales para la capacitación en predicación bíblica.
- Multiplicar la creación y distribución de literatura evangélica.

- Fortalecer la formación teológica de pastores y líderes con maestros evangélicos calificados.

Nuestro ministerio

Langham Predicación se asocia con líderes nacionales a fin de alimentar movimientos locales de predicación bíblica para pastores y predicadores laicos. Con el apoyo de un equipo de facilitadores de diferentes países, un programa de varios niveles brinda capacitación práctica, seguida de otro para capacitar facilitadores locales. Los grupos locales de predicadores (escuelitas) y las redes regionales aseguran la continuidad y el desarrollo permanente, buscando construir movimientos vigorosos comprometidos con la exposición bíblica.

Langham Literatura facilita a pastores, eruditos y seminarios del mundo mayoritario, de libros evangélicos y recursos electrónicos mediante subvenciones, descuentos y distribución. El programa también promueve para pastores la producción local de libros evangélicos en muchos idiomas. Esto a través de talleres de capacitación para escritores y editores, patrocinando la producción y traducción de literatura, fortaleciendo las casas editoriales evangélicas e invirtiendo en proyectos grandes de literatura, como los comentarios bíblicos (por ejemplo, el Comentario Bíblico Africano).

Langham Becas brinda apoyo financiero para estudiantes evangélicos de doctorado del mundo mayoritario, a fin de que, cuando vuelvan a sus países, puedan entrenar a pastores y otros líderes cristianos con sana enseñanza teológico-bíblica. Este programa equipa a quienes van a equipar a otros.

También trabaja con seminarios del mundo mayoritario en el fortalecimiento de la educación teológica evangélica. Un número cada vez más grande de los becados por Langham estudian en programas doctorales de alta calidad en el mundo mayoritario. Al mismo tiempo que los eruditos de Langham enseñan a la siguiente generación, ejercen gran influencia a través de su liderazgo y producción teológica.

Nuestra Sociedad

La familia de Langham está compuesta por ministerios relacionados con Langham en más de setenta países.

Incluye:

- Un número creciente de programas afiliados en muchas partes del mundo mayoritario.
- Más de cincuenta países involucrados en desarrollar movimientos de Langham Predicación.
- Oficinas de Langham para sostenimiento del ministerio en Australia, Canadá, Hong Kong, Nueva Zelanda, Reino Unido e Irlanda, y los Estados Unidos de Norteamérica.
- Proyectos de literatura desarrollados por países y equipos regionales para servir a la iglesia en su contexto.
- Más de 350 eruditos de Langham, incluyendo aquellos que están actualmente estudiando y quienes se encuentran en roles de enseñanza y liderazgo alrededor del mundo.

Nuestra declaración de fe

La Sociedad Internacional Langham (Langham Partnership Internacional) está comprometida con las verdades fundamentales del cristianismo bíblico e histórico, por lo cual afirmamos que:

1. Existe un solo Dios, Eterno, Creador y Señor del universo, quien, en la unidad del Padre, del Hijo y del Espíritu Santo gobierna todas las cosas de acuerdo con su voluntad y está cumpliendo con Su propósito en el mundo y la iglesia.
2. La Santa Escritura en su totalidad es inspirada por el Espíritu de Dios, escrita por autores humanos, y constituye la verdad de la revelación de Dios para la humanidad. Es totalmente verdadera y digna de confianza en todo lo

que afirma. Todo lo que la Biblia enseña, correctamente interpretada, nos es dado para enseñar, y nos compromete a creer y obedecer. Es nuestra autoridad suprema en todo asunto de fe y conducta.

3. Todos los seres humanos han sido creados a semejanza de Dios y por eso son, delante de Él, valiosos e iguales. Desde la caída, el pecado humano y la culpa por causa de éste nos han hecho sujetos a la ira de Dios y a la condenación, lo cual ha ocasionado nuestra separación de la vida de Dios, supresión de la verdad divina y la hostilidad hacia la ley divina. El amor de Dios desea que todos lleguen al arrepentimiento y a ser reconciliados en vez de ser condenados.

4. La salvación de la culpa, del castigo y de otras consecuencias del pecado se ha conseguido solamente a través de la obra de Jesucristo: su obediencia perfecta, su muerte sustitutiva, su resurrección en cuerpo y su exaltación como Señor. Sólo Jesús es verdaderamente Dios y verdaderamente humano: el único mediador entre Dios y la humanidad. No hay salvación a través de ninguna otra persona, creencia, proceso o poder. Cada pecador es justificado delante de Dios y reconciliado con Él sólo por la gracia divina apropiada por fe solamente.

5. La obra del Espíritu Santo es necesaria para el nuevo nacimiento individual y crecimiento a la madurez. El Espíritu Santo habita y da poder a la iglesia, posibilitando su constante renovación en verdad, sabiduría, fe, santidad, amor, ministerio, poder y misión.

6. Hay una iglesia santa, universal y apostólica, que es el cuerpo de Cristo y de la cual los verdaderos creyentes son parte. El llamado de la iglesia es el de adorar a Dios por siempre y servirlo en el mundo.

7. Así como el Padre envió al Hijo al mundo, el Señor Jesucristo envía a su iglesia a participar en la misión de Dios en palabra y obras. En esta misión está llamada a

hacer conocer a Cristo; a proclamar la verdad de Dios y el evangelio de Su gracia; a hacer discípulos a todas las naciones; a exhibir el carácter de Dios por medio del cuidado compasivo de los necesitados; a demostrar la realidad del Reino de Dios mediante una vida creativa y sacrificial de una comunidad de amor, de búsqueda de justicia, rectitud y paz, y el cuidado de la creación divina.

8. Así como el Señor Jesús ascendió al Padre, retornará personalmente, de forma visible y en gloria. Levantará a los muertos y traerá salvación y juicio en la culminación de los tiempos. Entonces Dios establecerá plenamente su Reino y terminará la nueva creación —cielo nuevo y tierra nueva—, de la cual será excluido todo mal y todos los malvados, así como el sufrimiento y la muerte, y por ello será glorificado por siempre.

Nuestros énfasis y valores

Como organización evangélica, la Sociedad Langham está, sobre todo, comprometida a exaltar el nombre y la gloria del Señor Jesucristo, a promover el evangelio de Su gracia y a adoptar la misión de Su iglesia.

Específicamente, estamos comprometidos con los siguientes valores fundamentales:

1. **Oración.** Creemos que los programas de la Sociedad Langham son un mandato bíblico en su meta de enseñanza, capacitación y equipamiento del pueblo de Dios a través de Su Palabra. Por tanto, estamos confiados en que son intrínsecamente efectivos y fructíferos cuando se los implementa en dependencia de Dios y en el poder del Espíritu. Por consiguiente, afirmamos el lugar vital de la oración en todo lo que hacemos, mientras buscamos la guía, la sabiduría, el poder, la protección y la bendición de Dios, en el nombre de Jesucristo y para su gloria.

2. **La Biblia**. Afirmamos la suprema autoridad de la Biblia y estamos convencidos de su centralidad para el crecimiento, la salud y la madurez de la iglesia. Nos adherimos al llamado del Compromiso de Ciudad del Cabo: "[Los] Educadores en Teología deben volver a poner al centro el estudio de la Biblia como una disciplina fundamental en la teología cristiana, que integra e impregna todos los otros campos de estudio y aplicación. Sobre todo la educación teológica debe servir para equipar pastores-maestros para su responsabilidad primaria de predicar y enseñar la Biblia" (IIF.4.d).

3. **Predicación**. Creemos en la continua importancia de la predicación bíblica, basados en que Dios reforma y renueva, sostiene y alimenta a su iglesia a través de su Palabra, dadora de vida, mientras sea predicada con fidelidad textual y relevancia contextual.

4. **Enseñanza**. La Biblia en ambos testamentos insiste en que el pueblo de Dios necesita que se le enseñe y que por eso requiere maestros. El seminario es una institución clave en la iglesia por su función de entrenar pastores. También afirmamos la importancia de métodos no formales de enseñanza y aprendizaje. Enfatizamos firmemente la necesidad de capacitar a aquellos que, a su vez, serán los encargados de enseñar y capacitar a otros. También afirmamos el valor estratégico de la literatura cristiana de alimentar dicha predicación, enseñanza y aprendizaje bíblico.

5. **La iglesia**. Aunque la Sociedad Langham es una agencia paraeclesiástica, nuestro objetivo principal es promover el crecimiento y la misión de la iglesia, no el nuestro.

6. **Sociedad**. Buscamos relacionarnos y escuchar a las iglesias y las organizaciones cristianas en cualquier país donde Langham opera y trabaja junto con ellas, buscando comprender y facilitar la visión y la misión que Dios les ha

dado. Los programas y proyectos se llevarán adelante sólo con previa invitación de los líderes nacionales y locales, en consulta con ellos y, cuando sea posible, bajo el liderazgo local.

7. **Servicio.** Buscamos ser siervos de Dios y de su pueblo, y rechazamos acciones, políticas o comunicaciones que fomenten el orgullo y el paternalismo. Oramos para que la humildad dé forma a todas nuestras relaciones, y que la modestia y gratitud caractericen nuestra respuesta a cualquier tipo de logro que Dios nos facilite por el esfuerzo hecho.

8. **Reciprocidad.** Reconocemos que Dios ha dado dones a todo su pueblo en todo el mundo y deseamos facilitar un gran compartir mutuo de las bendiciones de Dios, espirituales y materiales, en todas direcciones. Debido a que a algunas partes de la iglesia mundial se les ha confiado más recursos materiales que a otras, luchamos para evitar los peligros de dependencia o manipulación de donantes. Deseamos fervientemente ver una real igualdad bíblica a través de todo el cuerpo de Cristo en el mundo, de manera que Langham llegue a no ser necesitada, excepto como parte de la comunidad global.

9. **Integridad.** Insistimos en la honestidad, la rendición de cuentas y la transparencia en todos nuestros tratos, y buscamos promoverlas en nuestra comunicación interna y externa, así como en todas nuestras operaciones y sociedades.

10. **Excelencia.** Así como reconocemos que constantemente no alcanzamos los estándares de Dios, creemos que Él es digno de lo mejor que podemos ofrecer. Por consiguiente, apuntamos a los más altos estándares de excelencia espiritual, profesional y académica.

11. **Santidad.** Estamos comprometidos con el crecimiento personal y espiritual, en nosotros y en todos los que sean

impactados por nuestros ministerios. Nuestro propósito es modelar un discipulado bíblico y espiritual que busca la semejanza a Cristo, en todos los niveles de nuestra organización y en todas las actividades de los programas.

El carácter distintivo
de Langham Predicación

Langham Predicación

Fue fundada por John Stott y es uno de los tres programas que comprende Langham Partnership International (LPI) junto con Langham Literatura y Langham Becas. LPI está desarrollando su propia identidad en el mundo y las convicciones asociadas con John Stott siempre moldearán su futuro.

Langham Predicación se trata de predicadores

Otros ministerios, con diferentes enfoques, también son parte de la misión de Dios en el mundo, pero nosotros estamos comprometidos con los predicadores y la predicación. "Creemos que Dios quiere que su iglesia crezca. Creemos que la iglesia crece a través de la Palabra de Dios, y que su Palabra llega a las personas principalmente mediante la predicación".

Langham Predicación se trata de predicadores en países en vías de desarrollo

También son importantes otros lugares del mundo, pero nuestro compromiso es con aquellos países donde la necesidad es mayor, en los cuales los recursos son mínimos y el crecimiento de la iglesia es más rápido.

Langham Predicación se trata de predicadores bíblicos en países en vías de desarrollo

Existen otros tipos de predicación, pero nosotros estamos comprometidos con la línea de predicación que abre un pasaje bíblico y deja que ese pasaje provea la forma y el propósito del sermón, porque así el predicador se mantiene en ese pasaje a lo largo de toda la predicación.

Langham Predicación se trata de entrenar a predicadores bíblicos en países en vías de desarrollo

Existen otros enfoques para equipar predicadores; por ejemplo, en los seminarios teológicos también se enseña homilética, pero de una manera teórica y académica, dependiente de los libros, las notas y los profesores, y de un modo más *examinable*. En cambio, nosotros estamos comprometidos con un enfoque que complementa la homilética y, a menudo, también la suplementa. Apuntamos a ser prácticos, trabajando con menos y más simples destrezas, practicadas y modeladas de forma repetitiva. De esta manera, logramos un entrenamiento fácil de transferir sin necesidad de abundancia de recursos.

Langham Predicación se trata de entrenar de una manera que construye y sostiene un movimiento de predicadores bíblicos en países en vías de desarrollo

Hay conferencias más grandes que motivan a los predicadores a cumplir con su llamado y contribuyen bastante; sin embargo, nosotros estamos comprometidos con seminarios más pequeños, diseñados para generar un movimiento mientras las personas se reúnen regularmente, entre eventos, en pequeños grupos locales para animarse y rendirse cuentas mutuamente. A fin de alimentar estos movimientos regionales, el énfasis gradualmente se desplaza al entrenamiento de los facilitadores de la localidad, de tal manera que el seminario llega a ser ese pequeño instante en el cual se transmite la *infección*; luego oramos para que se pueda transmitir este "virus benigno". Así que, mientras los participantes se reúnen en un evento para buscar algo útil para ellos mismos, nosotros estamos interesados en cómo ellos se propagan dentro de un movimiento que ofrezca un servicio valioso para otros.

Langham Predicación busca entrenar de una manera que construye y sostiene un movimiento nativo de predicadores bíblicos en países en vías de desarrollo

Otras iniciativas, en estas áreas de escasos recursos, fácilmente dependen de apoyo económico y dirección continua del exterior, pero nosotros estamos comprometidos en el logro de una sostenibilidad dentro del propio país, aun con sus limitados recursos. Si bien es cierto que al principio nuestros seminarios cuentan con personal extranjero y apoyo económico, al enfocarse progresivamente más en los facilitadores locales que trabajan con las bases, el movimiento se vuelve nacional. Luego, cuando llegue a la madurez, se desarrollará en reuniones regulares de estos facilitadores, quienes serán localmente dirigidos.

Langham Predicación se trata de entrenar de una manera que construye y sostiene un movimiento nativo de predicadores bíblicos que cambia la cultura de predicación en países en vías de desarrollo

Bajo la mano y la gracia de Dios estamos trabajando para cambiar la cultura de la predicación, la cual creemos que puede conducir a la transformación de la iglesia, y la transformación de esta, esperamos, transformará a las naciones. Por ello, la predicación bíblica ayuda a la iglesia a crecer en madurez, con la convicción de que una iglesia madura, que vive como sal y luz, y está llena de gracia y verdad, es la institución ordenada por Dios para la transformación de las sociedades.

Paul Windsor
Director asociado, Langham Predicación

El Reino, el Espíritu y la Palabra: haciendo teología desde América Latina[1]

Introducción del sermón

Si le preguntas a un católico, a un evangélico y a un carismático por qué crees que tu iglesia es realmente cristiana y no una secta, el católico contestará: "Porque mi iglesia es la única que fue fundada por Cristo"; por su parte, el evangélico dirá: "Porque en mi iglesia se predica la Palabra"; el carismático, en cambio, afirmará: "Porque en mi iglesia se siente el poder del Espíritu".

La diversidad de respuestas muestra lo difícil que es para la espiritualidad evangélica encontrar un balance entre la proclamación de la Palabra de Dios y la acción del Espíritu Santo. Esta ausencia de equilibrio ha producido dolorosas divisiones al interior del pueblo de Dios, con el correspondiente daño a su unidad y testimonio en el mundo.

Es notorio el crecimiento explosivo de los grupos conocidos como carismáticos o "neopentecostales", así como el hecho de que muchos sectores evangélicos que los cuestionaron en el pasado están asumiendo hoy sus formas litúrgicas, sus énfasis doctrinales y sus modelos de misión. Esta *carismatización* de la cristiandad latinoamericana nos interroga sobre nuestra identidad evangélica a la luz del lugar del Espíritu de Dios en nuestro seguimiento de Jesús.

---

[1] Tomado de Alex Chiang, Daniela Araya, Martín Ocaña y otros, *El poder del Espíritu Santo ¿Qué significa hoy en América Latina?*, Lima: Ediciones Puma, 2012.

De otro lado, basta visitar alguna megaiglesia carismática para percibir que un buen número de sus asistentes emigraron de iglesias más conservadoras en busca de una experiencia de fe más cercana a sus nuevas expectativas y necesidades. Este desplazamiento se produce no sólo a nivel de los creyentes en general, sino también entre sus líderes más representativos, como los directores de grandes organizaciones cristianas, los escritores y los teólogos de renombre y pastores muy conocidos. Todos ellos vivieron su fe por muchos años en marcos doctrinales no carismáticos, pero, en una etapa avanzada de sus vidas y ministerios, giraron hacia formas de espiritualidad con mayor apertura al obrar del Espíritu Santo. La mayoría de ellos poseen una sólida formación teológica y una intachable trayectoria ministerial; no obstante, dan testimonio de una gran insatisfacción en su vivencia de fe. Esto generó en ellos una búsqueda de mayor intimidad con el Espíritu, produciéndose así un dinamismo en sus vidas de piedad y ministerios.

Este mensaje busca entender la naturaleza de la tensión entre el conocimiento de las Escrituras y la presencia del Espíritu en el contexto del Reino de Dios, así como brindar algunas propuestas reconciliadoras entre ellas. La base de nuestra reflexión será el texto bíblico que narra el encuentro de Jesucristo con Nicodemo.

Una de las enseñanzas iniciales de Jesús en torno al Espíritu brota de su encuentro con un líder religioso llamado Nicodemo, el cual puede leerse en el Evangelio de Juan, capítulo 3, versículos del 1 al 16.

La mayor parte de la comprensión novotestamentaria que posee la iglesia acerca de la persona y obra del Espíritu se ha desarrollado a partir de los últimos capítulos del cuarto evangelio, de los Hechos de los Apóstoles y de algunas cartas paulinas. Pero los primeros capítulos del Evangelio de Juan contienen significativas alusiones a la misión del Espíritu (entre ellas, el capítulo que vamos a analizar) que enriquecerán nuestro entendimiento de la Tercera Persona de la Trinidad y su relación con la Palabra.

Cuerpo del sermón

1. La teología como construcción humana: la presencia de lo subjetivo en la producción del conocimiento bíblico

> *Había un hombre de los fariseos que se llamaba*
> *Nicodemo, un principal entre los judíos. (Jn 3.1)*

El relato comienza con una descripción detallada de Nicodemo. Luego de mencionar su sexo: "hombre" (lo cual representaba una gran ventaja en la sociedad machista y patriarcal imperante en Israel durante el siglo I), continúa con una declaración de su línea religiosa dentro del judaísmo: "fariseo". Pertenecía a una de las mejores tradiciones teológicas caracterizada por su celo en conocer y obedecer las Escrituras. El siguiente dato se refiere a su posición social: era un "principal"; en otras palabras, parte del poderoso e influyente Sanedrín, órgano de gobierno judío formado por setenta personas selectas de la sociedad israelita. Finalmente, se recalca el hecho de ser "judío", es decir, heredero de una riquísima herencia cultural. Por tanto, este líder religioso judío era un fiel representante de lo mejor del mundo de aquel entonces.

Nicodemo, como nosotros, estaba profundamente condicionado por la realidad histórica en que vivió. Cada uno de los cuatro aspectos descritos: sexo, formación religiosa, posición social y realidad cultural, forjan nuestra personalidad e influyen fuertemente en nuestra manera de hacer teología. Vamos a ilustrar cómo intervienen cada uno de ellos:

Debido a la formación cultural recibida, hombres y mujeres tendemos a leer la Biblia de manera distinta. Cuando un caballero reflexiona sobre un personaje bíblico, la pregunta dominante tiende a ser de carácter racional: "¿Qué está pensando?". En cambio, cuando una dama se acerca al mismo relato, la interrogante predominante es más de naturaleza emocional: "¿Qué está sintiendo?". Esto le permite a cada uno percibir aspectos del relato que pueden permanecer ocultos para el otro.

De la misma forma ocurre con nuestras tradiciones denominacionales. Es muy diferente cuando un bautista o un pentecostal estudian el libro de Hechos de los Apóstoles. Cada uno tiene presupuestos teológicos distintos que condicionan su interpretación. Recuerdo a mi profesor de teología enseñándonos: "Somos llamados a seguir las enseñanzas apostólicas y no a buscar sus experiencias". Pero siempre me pregunté si es posible obedecer las enseñanzas de los apóstoles si al menos no tenemos alguna de sus experiencias.

Igual podemos afirmar de la situación socioeconómica. No es similar cuando una persona pobre o rica, materialmente hablando, se acerca a la Biblia. Cuando alguien de escasos recursos lee la historia en la que Jesús multiplicó los panes y los peces, verá comida real que alivia el hambre del pueblo necesitado. Pero las personas pudientes, en cambio, tenderán a espiritualizar el relato, transformando los alimentos en comida espiritual para el alma y, de esa manera, eliminarán del texto toda enseñanza que confronte su situación de privilegio y abundancia.

Esto también sucede con nuestras realidades culturales. No es lo mismo cuando un latinoamericano, un europeo o un asiático interpretan y aplican la Biblia a sus propias situaciones. Por ello, tiene mucho sentido hablar de teología latinoamericana o europea o asiática. Los desafíos que enfrentan sociedades tan diversas influyen en la forma de hacer teología. Ocurre un fenómeno parecido entre los que viven en mundos tan distintos como el urbano y el rural. Recuerdo la risa de una congregación capitalina producto de mi explicación humorística de un pasaje bíblico; pero, cuando la repetía en una iglesia del campo, todos terminaban mirándome en silencio con una cara de extrañeza por no haberme entendido.

Estos ejemplos muestran claramente la presencia de lo subjetivo en el quehacer teológico. Todos leemos las Escrituras desde nuestras realidades personales y del contexto en el que vivimos, lo cual, aunque no siempre seamos conscientes de ello, permea nuestra manera de interpretar, aplicar y comunicar las verdades de las Escrituras.

Debido a lo complejo del tema, voy a ilustrarlo una vez más:

Mi comprensión del patriarca Abraham estuvo marcada por las diferentes etapas de mi propia existencia. Cuando era joven y soltero me atraía la magnitud de su fe en Dios, y ¡cómo anhelaba tener una fe semejante! Luego me casé y Abraham se transformó en el esposo de Sara y lo comencé a ver desde esta nueva perspectiva. Más adelante, fui padre y entonces él ya no era sólo el padre de la fe, sino también el padre de Ismael e Isaac. Mi visión actual sobre la vida de Abraham es la de un hombre muy cerca de Dios, pero muy lejos de su esposa e hijos: un personaje con grandes virtudes (que debemos imitar), pero, a la vez, con defectos (que no debemos repetir). De esa manera, los diferentes momentos de mi propia vida se volvieron como un lente, con la capacidad de iluminar y oscurecer simultáneamente aspectos de la revelación bíblica.

Un error común entre los teólogos es creer que su interpretación de la Biblia es totalmente objetiva. Nada más equivocado. Esta pretensión de objetividad en el conocimiento fue uno de los presupuestos de la modernidad más cuestionado por el mundo posmoderno. Reconocer la presencia de lo subjetivo en la construcción del conocimiento con su capacidad de alumbrar y ocultar es una de las grandes contribuciones de la posmodernidad a la ciencia en general y a la exégesis bíblica en particular.

Esto implica aprender a distinguir entre lo que la Biblia dice y lo que decimos acerca de la Biblia. Muchos creen estar resguardando alguna enseñanza bíblica cuando en el fondo sólo están defendiendo una interpretación denominacional. De ahí la importancia de separar las verdades bíblicas indiscutibles y los discursos eclesiales que construimos a partir de esas verdades. Estos últimos siempre deben estar abiertos a la evaluación y el perfeccionamiento. Por ejemplo, la Biblia enseña claramente que Cristo regresará para el establecimiento pleno de su Reino. Pero los discursos escatológicos acerca de cuándo y cómo ha de venir son sólo propuestas que reflejan la diversidad de escuelas interpretativas existentes y de las cuales debemos aprender unas de otras.

Permítanme mostrarles otro caso personal sobre cómo nuestras realidades subjetivas nos facilitan o dificultan la comprensión de las Escrituras. El que escribe es una persona con una discapacidad física. Esta experiencia personal me da una sensibilidad hacia los pasajes de la Biblia donde aparecen personas con problemas semejantes al mío. Yo puedo analizar y predicar estos textos desde perspectivas que una persona sana muy difícilmente podría tener. Por ejemplo, empatizar con ellos desde el ángulo de sus sufrimientos. De otro lado, también soy alguien que ha crecido en un hogar de clase media donde mis necesidades materiales siempre fueron satisfechas. Por ello, no me es fácil conectarme con la realidad de la pobreza, tan presente en el mundo de la Biblia y el actual.

En resumen, la teología es una ciencia y, como toda ciencia, es una construcción humana sujeta a miradas erradas, parciales, subjetivas y siempre perfeccionables.

Nicodemo se acerca a Jesús a partir de su realidad concreta como varón, fariseo, principal de la sinagoga y judío, y desde ahí comienza a forjar su comprensión y discurso acerca de Dios, de su Reino y de su Espíritu.

2. La tendencia conservadora de la teología: explicar lo nuevo a través de lo antiguo

Este vino a Jesús de noche, y le dijo: Rabí, sabemos que has venido de Dios como maestro; porque nadie puede hacer estas señales que tú haces, si no está Dios con él. (Jn 3.2)

Luego de describir la realidad personal de Nicodemo, el relato nos envuelve en la atmósfera del encuentro de los dos personajes de noche. Muchos piensan que la elección de una hora tan avanzada se debía al interés de Nicodemo de cuidar su reputación, pues no sería bien visto que un líder público y respetado como él se entrevistara con un personaje tan cuestionado como Jesús. Aunque no descarto tal interpretación, me siento más inclinado a ver la noche como sinónimo de la oscuridad en que se encontraba Nicodemo y su gran necesidad de luz.

La primera palabra que brota de los labios de Nicodemo al iniciar su diálogo con Jesús es "Rabí". Este era el título con que el pueblo judío se dirigía a sus líderes religiosos y significa maestro. Al llamarlo así, Nicodemo no expresa ningún reparo en reconocerlo como tal. Vale la pena recalcar que el título "rabí" también lo empleaba el pueblo para referirse a Nicodemo. Por lo tanto, Nicodemo viene a su cita con Jesús de rabí a rabí, de maestro a maestro. Para Nicodemo, esta es una reunión entre colegas, entre iguales.

Inmediatamente después de llamarlo rabí, le dice: "sabemos". Nicodemo no vino a preguntar ni a aprender nada de Jesús. Él vino a afirmar lo que ya sabía. Vale la pena destacar que esta palabra es pronunciada en plural. No dice "sé", sino "sabemos". Podemos inferir, entonces, que no habla solo a título personal, sino, en representación de los líderes fariseos de Jerusalén; de esta manera, él reflejaba el orgullo y autosuficiencia intelectual que ostentaban. En otras palabras, Nicodemo vino a informarle a Jesús la posición oficial que sobre él tenían sus correligionarios. Ellos no tenían ningún problema en aceptarlo como maestro y aún más: "un maestro que ha venido de Dios". Aunque Jesús no se haya graduado en sus mismas escuelas teológicas ni posea los mismos títulos ni credenciales, estaban dispuestos a incorporarlo como parte del gremio de maestros de Israel. Pero hasta ahí nomás. De ningún modo aceptarían lo que el pueblo ignorante estaba comenzando a decir de él: que era el Hijo del Hombre, el Mesías prometido. Para los líderes religiosos, Jesús es sencillamente un maestro, muy especial, pero solo un maestro. Al inicio del ministerio de Jesús, esta era la interpretación que tenía el fariseísmo sobre él. Pero, con el transcurrir del tiempo, esto cambiaría drásticamente, hasta tal punto que terminaron por asociar a Jesús con los demonios. Finalmente, lo ejecutaron como a un vil blasfemo.

Las razones de Nicodemo para aceptar a Jesús como un maestro con credenciales divinas están expresadas en esta frase: *…porque nadie puede hacer estas señales que tú haces, si no está Dios con él.* Lo expresado por este personaje lo sintetizaría en dos palabras clave: acción y presencia. Nicodemo nos da un ejemplo extraordinario de teología, a partir del cual los creyentes podemos intentar responder dos tipos de preguntas:

a. ¿Qué puede hacer Dios y qué no? (Acción)
b. ¿Con quién está Dios y con quién no? (Presencia)

Veamos la relevancia de cada una de estas preguntas en la realidad latinoamericana.

La primera pregunta gira en torno a las acciones de Dios. Muchos nos preguntamos, por ejemplo, si Dios en medio de un culto —sea por imposición de las manos, por el soplido, o el movimiento rápido del saco de un pastor—, puede derribar de espaldas a la gente sobre el suelo. Frente a esta experiencia tan común y frecuente en los servicios carismáticos, he escuchado una variedad de puntos de vista. Desde quienes lo avalan como una manifestación del Espíritu, hasta los que argumentan lo contrario: unos dicen que Dios jamás tumba a las personas, sino, por el contrario, las levanta. Otros, más moderados, afirman que Dios sí hace caer a las personas, pero nunca para atrás, sino para adelante, de rodillas, en actitud de adoración. Por supuesto, cada una de estas respuestas viene respaldada por una andanada de versículos bíblicos. Pero lo importante aquí no es tanto responder la pregunta, sino mostrar cómo cada uno de nosotros se verá obligado a usar su formación teológica para discernir cuál acción es de Dios y cuál no.

La segunda pregunta se mueve alrededor de la presencia de Dios: ¿Con quién está Dios y con quién no está? Veamos un ejemplo. Si hiciera la siguiente pregunta: ¿Está el Espíritu de Dios presente y obrando a través de la Iglesia Católica Romana en América Latina?, unos dirán que sí, otros que no. En este caso, también, nuevamente, cada respuesta estará muy bien argumentada y sustentada con porciones bíblicas. Del mismo modo, podríamos preguntarnos: ¿Está el Espíritu de Dios presente y obrando a través del movimiento religioso conocido como "Pare de Sufrir"? Los que dijeron que Dios sí está presente en la Iglesia Católica muy seguro dirán ahora que no. Lo importante aquí no es polemizar, sino evidenciar cómo estamos obligados a recurrir a nuestros presupuestos teológicos para responder cuestionamientos de este estilo.

La formación teológica de Nicodemo le permitió reconocer que las acciones de Jesús eran una señal de la presencia de Dios con él, siempre y cuando Jesús se definiera como un maestro y nada más. Su formación religiosa no le permitía ver a Jesús como el Hijo del Hombre (título mesiánico).

Esto evidencia la tendencia profundamente conservadora de la teología que busca comprender las nuevas situaciones desde un marco conceptual preexistente. Jesús era un acontecimiento totalmente único y nuevo. Nunca hubo alguien que pretendiera ser Dios y hombre a la vez. Y ahora Nicodemo está tratando de encajar la realidad singular de

Jesús en un marco teológico estrecho. Esto, por absurdo que parezca, es como tratar de encajar una pieza cuadrangular en un molde circular. Nicodemo tenía la gran oportunidad de ensanchar sus horizontes de conocimiento; pero desaprovechó la oportunidad, pues más bien buscó encasillar a Jesucristo dentro de su formato teológico fariseo, reduciéndolo a un simple maestro.

Esta tendencia conservadora de la teología sigue presente en la mayoría de los centros de formación teológica y en los agentes pastorales de nuestras iglesias. Una muestra de ello es cómo tratamos de hacer misión cristiana en un mundo posmoderno con marcos bíblicos y énfasis teológicos desarrollados en la modernidad. También están nuestras respuestas a los desafíos de la homosexualidad elaboradas a partir de formulaciones teológicas basadas en el concepto de sexo (biológico) y resistentes a incorporar la realidad de género (social). De esa manera, en vez de encarar los nuevos escenarios con una reflexión teológica creativa y contextual que amplíe nuestros marcos bíblicos, simplificamos la realidad para ajustarla a comprensiones pasadas.

3. La teología como búsqueda afectiva de la verdad: para comprender a Jesús hay que conocerlo

> *Respondió Jesús y le dijo: De cierto, de cierto te digo, que el que no naciere de nuevo, no puede ver el reino de Dios.*
>
> *Nicodemo le dijo: ¿Cómo puede un hombre nacer siendo viejo? ¿Puede acaso entrar por segunda vez en el vientre de su madre y nacer?*
>
> *Respondió Jesús: De cierto, de cierto te digo que el que no naciere de agua y del Espíritu, no puede entrar en el reino de Dios.*
>
> *Lo que es nacido de la carne, carne es; y lo que es nacido del Espíritu, espíritu es.*

No te maravilles de que te dije: Os es necesario nacer de nuevo.

El viento sopla de donde quieres, y oyes su sonido; mas ni sabes de dónde viene, ni a dónde va; así es todo aquel que es nacido del Espíritu. (Jn 3.3–8)

Los malos entendidos que se producen entre Jesús y sus diferentes interlocutores son situaciones que se repiten bastante en el evangelio de Juan. Escuché a alguien llamar a esto: "los malentendidos de Jesús". Jesús habla de manera figurada y la gente lo interpreta literalmente. Detrás de estos constantes desencuentros subyace la siguiente verdad: no conocemos a Jesús, por eso lo malinterpretamos. O, dicho de manera positiva: para comprender a Jesús, hay que conocerlo.

En su respuesta a las afirmaciones de Nicodemo, Jesús introduce dos realidades teológicas centrales en su misión: el Reino y el Espíritu, las cuales Nicodemo malinterpreta, evidenciando así su desconocimiento de Jesús. Analicemos cada una de ellas.

a. La esperanza farisea: un reino sin rey

En su diálogo con Nicodemo, Jesús pone sobre el tapete como primer tema el Reino de Dios. Y ¿por qué Jesús introduce el tema del Reino de Dios en su diálogo con Nicodemo? Porque el fariseísmo, corriente teológica judía de la cual Nicodemo era uno de sus más conspicuos representantes, se podría resumir como una esperanza del reino pero sin rey. Los fariseos esperaban ver a Dios irrumpir en la historia para establecer su Reino; Israel volvería a ser la cabeza de las naciones, y dejaría de ser el pueblo vencido y conquistado que en aquel momento era. Pero no conocían al rey de este futuro reino.

Una vez escuché conceptuar así sobre la Iglesia Católica Romana en nuestro continente: tienen reino (influencia política, poder económico, presencia social, etcétera), pero no conocen al rey de este reino. Ahora bien, las iglesias evangélicas tampoco estamos mucho mejor, ya que decimos que conocemos al rey pero no tenemos reino. Y así como no es suficiente un reino sin rey, tampoco lo es un rey sin reino.

En América Latina, el reino es un concepto teológico sobre el cual existe diversidad de planteamientos. Están quienes lo definen como una realidad presente y material (posición de algunos sectores ecuménicos) y quienes lo conceptualizan como una realidad futura y espiritual (posición de algunos sectores carismáticos). Dentro de estos dos extremos marcados, uno puede encontrar una gran variedad de enseñanzas al respecto.

b. La religiosidad farisea: una espiritualidad sin Espíritu

El segundo tema que Jesús nos pone sobre la mesa es el Espíritu de Dios (ver cita bíblica líneas arriba). Este es otro aspecto controversial sobre el cual tampoco hemos logrado un consenso entre las diversas tradiciones eclesiales de América Latina. Cómo el Espíritu de Dios obra, se manifiesta y actúa en la iglesia y el mundo, sigue siendo causa de debate y división al interior de nuestras iglesias.

La razón de Jesús para abordar este tema era evidenciar otra de las contradicciones de la teología farisea: no había lugar para el Espíritu en su experiencia de fe. Era una espiritualidad sin Espíritu. Nicodemo y los fariseos creían que podían amar, obedecer y servir a Dios sin necesidad del Espíritu. Igualmente, en la interpretación y aplicación de las Escrituras.

Dentro de las iglesias evangélicas una de las palabras comunes para criticar a una persona muy legalista o hipócrita es decirle: "No seas fariseo". Pero cuántos de nosotros bebemos del espíritu fariseo cuando manifestamos, con nuestras acciones más que con nuestras palabras, que podemos vivir la vida cristiana con nuestros propios recursos y capacidades. En ese sentido, podemos llegar a ser tan fariseos como los personajes bíblicos.

En muchas de las confesiones de fe de denominaciones y organizaciones protestantes históricas, las únicas menciones que se hacen del Espíritu Santo tienen que ver con la ayuda que presta para interpretar las Escrituras. Sin embargo, en las Escrituras encontramos el testimonio fehaciente del Espíritu de Dios que se mueve en todos los aspectos de la vida. Esta es una constatación que, sin lugar a dudas, representa una de las grandes contribuciones que el movimiento pentecostal primero, y el carismático después, han hecho a la espiritualidad evangélica en América Latina.

Jesús concluye el diálogo con Nicodemo equiparando la dinámica del Espíritu con el accionar del viento. Parafraseando, entonces, lo dicho por los dos, se puede decir "que no sabemos de dónde viene ni sabemos a dónde va". En pocas palabras, el Espíritu, como el viento, obra de manera impredecible.

Por lo tanto, una de las primeras enseñanzas de Jesús sobre el Espíritu podría ser esta: "Es más lo que no sabemos del Espíritu que lo que sabemos de Él". Añadamos: sobre todo en su manera de operar en el mundo. Por tanto, el Espíritu de Dios es una realidad de la que deberíamos hablar menos y vivir más. Pero, muchas veces, en nuestras iglesias ocurre lo contrario: se habla más y se vive o se practica menos. Al hacerlo así, el Espíritu Santo es simplificado a una formulación doctrinal generadora de conflictos y divisiones.

Debido a esto, la teología y los teólogos no se sienten naturalmente cómodos con el Espíritu. La teología, como construcción humana, es una ciencia y, como tal, muy buena para tratar con dimensiones de la realidad donde es posible explicar un principio y un final. Pero, según Jesús, el Espíritu es como el viento, no sabes de dónde viene ni sabes a dónde va. El Espíritu es libre en su proceder, y así evita ser controlado o manipulado. El teólogo Emil Brunner, en su libro

El malentendido de la iglesia[2], lo expresa con las siguientes palabras:

> La teología no es el instrumento mejor adaptado para elucidar con precisión este aspecto de las manifestaciones del alma. Porque teo-logía tiene que ver con Logos y en consecuencia solo está calificado para tratar con asuntos que de alguna manera son lógicos, no con el dinamismo en sus características alógicas. Por lo tanto el Espíritu Santo siempre ha sido hijastro de la teología y el dinamismo del Espíritu Santo el espantapájaros de los teólogos. Por otra parte, por causa de su intelectualismo inconsciente, frecuentemente esto ha sido una influencia restrictiva importante, que sofoca las operaciones del Espíritu Santo o cuando menos, su plena manifestación creativa.

Otra dificultad de la teología para captar la dinámica del Espíritu es el lenguaje teológico. No es el más apropiado para describir el mover del Espíritu. Por esta causa, a muchos teólogos les cuesta entender lo que pasa en un culto pentecostal o carismático. En su tradición litúrgica, por ejemplo, es muy frecuente escuchar a un creyente decir: "Siento un fuego dentro de mí". Un teólogo, cuando escucha esto, corre a su diccionario de teología y busca la palabra "fuego", y al no encontrarla, llega a la conclusión de que no es una experiencia cristiana y la rechaza. Pero olvidamos que las personas, cuando describen la manifestación del Espíritu en su vida, no utilizan palabras teológicas sino expresiones místico-mágicas, que son parte del lenguaje de experiencias de este tipo. En ese sentido afianzamos la afirmación de que el Espíritu sigue siendo parecido al viento: no sabemos su origen ni su final, pero podemos sentir y

---

2 Emil Brunner, *El malentendido de la iglesia*, Guadalajara: Ediciones Transformación, 1993.

experimentar su presencia. Debemos siempre recordar que el Espíritu se mueve en medio de la concreción de la experiencia y no en la abstracción de la teología. En razón de ello, el léxico de la teología tradicional nunca será el más adecuado para captar la realidad alógica e impredecible del Espíritu.

Para orientarnos más sobre el Espíritu, quiero rescatar otras palabras presentes en el libro del Dr. Brunner:

> El Espíritu opera con consecuencias abrumadoras, revolucionarias y transformadoras. Se manifiesta de tal manera que deja a las personas asombradas, deseando saber por qué y cómo, y de qué manera quedan derrumbados los muros de separación que apartan a los individuos unos de otros. Su modo de operación es tal que nos obliga [a] adoptar, por un lado, el lenguaje del misticismo, y por otro, el de la magia, ya que el de la lógica y aún de la teología parecen no ser adecuados y poco apropiados.

Me parece importante cerrar esta parte destacando el extraordinario balance que hace Jesús entre el Reino y el Espíritu. Muchos cristianos comprometidos en la extensión del Reino de Dios en el mundo no le dejan mucho lugar al Espíritu en sus vidas. De la misma manera, creyentes que anhelan cultivar una vida de intimidad con el Espíritu lo hacen dándole la espalda a la realidad violenta e injusta en que vivimos, la cual solo Dios y su Reino pueden transformar.

4. Hacia una nueva forma de hacer teología: de la afirmación a la pregunta

> *Respondió Nicodemo y le dijo: ¿Cómo puede hacerse esto?*
> *Respondió Jesús y le dijo: ¿Eres tú maestro de Israel, y no sabes esto? (Jn 3.9–10)*

Es imposible no percibir el contraste entre el Nicodemo que vino afirmando: "sabemos", y el que luego de escuchar a

Jesús hablar sobre el Reino y el Espíritu, termina únicamente preguntando: "¿Cómo puede ser esto?"

El paso de Nicodemo de la afirmación a la pregunta, es uno de los mayores desafíos de la teología hoy. Una teología que solo afirma y no se atreve a preguntar termina petrificándose y perdiendo relevancia en el mundo. Cuando reducimos el quehacer teológico a la formulación, transmisión y defensa de doctrinas y dogmas, la teología pierde su capacidad de dar respuestas a las grandes interrogantes del mundo contemporáneo. Hay tantas personas que se preguntan ¿cómo puede ser esto? Que requieren respuesta.

En función del tema que estoy desarrollando me aventuraría, también, a preguntar: ¿cómo puede ser que el Espíritu de Dios se manifieste de manera tan vívida en iglesias con graves falencias en el campo de la interpretación bíblica? Y, en sentido inverso, también: ¿cómo puede ser que el Espíritu de Dios esté tan ausente en las iglesias que tienen una tradición sólida de enseñanza de las Escrituras? Una teología que pregunta es una teología que piensa y reflexiona, que no se conforma con repetir las afirmaciones del pasado.

Nicodemo deja de hacer afirmaciones teológicas y ahora solo pregunta. Entonces Jesús, haciendo uso de una "ironía" muy fina, le responde con otra pregunta: "¿Eres tú maestro de Israel, y no sabes esto?". Es imposible, nuevamente, no hacer el contraste. Nicodemo vino diciendo "sabemos"; Jesús termina diciéndole: no sabes. Pero Jesús no busca humillarlo, le muestra el camino hacia la verdadera sabiduría. Por eso subtitulamos este ensayo: "un maestro que no sabe".

En la cultura occidental valoramos a un maestro por lo que sabe. Pero Jesús le dará a Nicodemo una nueva perspectiva sobre el significado de ser un maestro, basada no tanto en lo que conoce, sino en lo que no conoce. A partir del reconocimiento de la ignorancia, se construye la verdadera sabiduría. Una conocida frase socrática apunta en esta misma dirección: "Yo solo sé que nada sé". Por lo tanto, lo que hace grande a un maestro no es tanto lo que sabe, sino la conciencia de lo que no sabe.

Es en la universidad contemporánea donde más se respira el espíritu del "sabemos". Este espíritu aflora al conversar sobre cualquier aspecto de la realidad, pero sobre todo, cuando se habla sobre Dios. Profesores y estudiantes creen saberlo todo, entenderlo todo y explicarlo todo. Mas, lo mismo pasa en nuestros seminarios teológicos cuando construyen sus discursos teológicos. Hablan de Dios como si hubieran tomado un café con Él o como si tuvieran un teléfono con línea directa al cielo.

Necesitamos una teología que sea valiente para reconocer que en muchos campos de nuestro conocimiento de Dios y de su voluntad nos movemos de manera tentativa y precaria, con más preguntas que respuestas.

a. De la clave davídica a la clave mosaica

> De cierto, de cierto te digo, que lo que sabemos hablamos, y lo que hemos visto, testificamos; y no recibís nuestro testimonio.
>
> Si os he dicho cosas terrenales, y no creéis, ¿cómo creeréis si os dijere las celestiales?
>
> Nadie subió al cielo, sino el que descendió del cielo; el Hijo del Hombre, que está en el cielo.
>
> Y como Moisés levantó la serpiente en el desierto, así es necesario que el Hijo del Hombre sea levantado, para que todo aquel que en él cree, no se pierda más tenga vida eterna. (Jn 3.11–15).

Ahora sí Nicodemo está listo para aprender. Jesús le va a revelar la clave para entenderlo y conocerlo. Jesús probablemente le habría dicho: "¿Sabes, Nicodemo, por qué tú y los fariseos no pueden ver en mí a alguien que sea más que un maestro y el Mesías prometido? Porque ustedes están esperando a un

Mesías en clave davídica. Están buscando un Mesías que sea una reencarnación del rey David y, claro, como no ven en mí tronos ni palacios ni riquezas ni ejércitos ni poder, me rechazan. Pero si quieres entenderme y comprenderme, debes hacerlo en clave mosaica".

¿Quién es Moisés? Moisés es quien habla de Dios porque lo ha visto. Jesús es el nuevo Moisés. Él también habla de Dios porque ha visto a Dios. Cuando uno compara a Jesús con Moisés, este solo vio un pedacito de la espalda de Dios (lenguaje antropomorfo), y para registrar todo lo que percibió, se necesitaron los cinco libros del Pentateuco. En cambio, Jesús contempló a Dios en todo su esplendor y majestad porque estuvo en el cielo con Dios, y por eso reclama ser la voz autorizada para revelarlo. Él es el maestro que vino del cielo.

b. De las señales a la cruz

A continuación, Jesús le recuerda un relato en el que Moisés fue el protagonista. Es la muy conocida historia de las serpientes venenosas del desierto de Sinaí. En esta historia, se narra el castigo de Dios al rebelde pueblo de Israel. Dios les envía serpientes cuya picadura era letal. En respuesta al clamor de Moisés por misericordia, Dios le ordena elaborar una serpiente de bronce que tendría la cualidad de salvar de la muerte a las personas mordidas si estas la miraban con fe. Nicodemo, como maestro de la Ley, seguramente había leído este acontecimiento muchísimas veces y enseñado otras tantas. Pero nunca podría haberlo interpretado de la manera en que Jesús lo hizo: en clave cristológica. Ninguna de las tradiciones de la erudición judía veía en este relato una historia que hablara del Mesías y de su razón de ser en el mundo. Puedo imaginarme la reacción de Nicodemo frente a la exégesis de Jesús. Con los ojos bien abiertos y una mirada absorta, probablemente dijo: "He leído este relato tantas veces, pero nunca lo he comprendido como hoy".

La claves para entender a Jesús no son sus magistrales enseñanzas ni sus impactantes milagros (los dos aspectos que más llamaron la atención de Nicodemo), sino la cruz y su muerte. "Así como la serpiente fue levantada en el desierto, así es necesario que el Hijo del Hombre sea levantado".

Solo cuando Nicodemo dejó la falsa seguridad del "sabemos", pasó a la humilde pero valiente posición del "cómo puede ser esto"; entonces y solo entonces, Jesús le reveló la verdad más importante y central del cristianismo.

De esa manera, Nicodemo inicia su marcha hacia el Reino y el Espíritu.

Conclusión del sermón

Tres elementos esenciales en el quehacer teológico latinoamericano son el Reino de Dios, el Espíritu de Dios y la Palabra de Dios. Aunque los podemos separar teóricamente, en la práctica son una realidad indivisible. Estas tres dimensiones ineludibles de la fe y la misión cristiana encuentran su unidad y plenitud en Jesucristo.

Cualquier iglesia que enfatiza una de ellas en desmedro de las otras termina volviendo la fe cristiana en una ideología política, en un misticismo descontextualizado o en un academicismo inerte.

Hoy más que nunca la iglesia latinoamericana necesita definir su sentido y razón de ser a partir de su compromiso con el reino de Dios y su justicia en un contexto de crecimiento económico con exclusión social, fundamentando su vida y misión en la presencia renovadora y dinamizadora del Espíritu de Dios, pero siempre consciente de que la mayor necesidad de los seres humanos será siempre escuchar la voz vivificante de Dios.

Anexo 6

Libros recomendados en español sobre exégesis, hermenéutica y homilética[3]

- Alexander, Eric. *¿Qué caracteriza a la predicación bíblica?* Editorial Lámpara.
- Arthurs, Jeffrey. *Predicando con variedad.* Editorial Portavoz.
- Beynon, Nigel y Sach, Andrew. *Cava más profundo.* Editorial Torrentes de Vida.
- Duvall, Scott y Hays, Daniel. *Hermenéutica.* Editorial CLIE.
- Fee, Gordon y Stuart, Douglas. *La lectura eficaz de la Biblia.* Editorial Vida.
- Richard, Ramesh. *La predicación expositiva.* Editorial F. I. E. T.
- Robinson, Haddon. *La predicación bíblica.* Editorial Unilit.
- Salinas, Daniel. *Cartas que transforman.* Editorial Lámpara.
- Stott, John. *La predicación: puente entre dos mundos.* Libros Desafío
- Wright, Christopher. *Guía del lector de la Biblia.* Ediciones Certeza.
- Wright, Christopher. *Cómo predicar desde el Antiguo Testamento.* Ediciones Puma.
- Wright, Christopher y Lamb, Jonathan. *La versatilidad de la Biblia.* Ediciones Puma.

---

[3] La lectura y análisis de estos libros son recomendados en las escuelitas de predicadores.

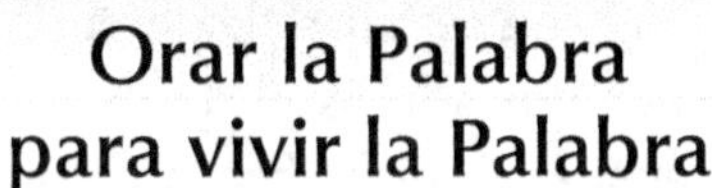

Orar la Palabra
para vivir la Palabra

Orar la Palabra es un acercamiento en oración a la Palabra de Dios. Es para nosotros el primer paso en nuestro estudio de la Biblia, antes de predicarla. En ese sentido, oramos los textos bíblicos que predicamos.

En Latinoamérica hemos desarrollado un acercamiento de cinco sencillos pasos:

1. **Leer** para escuchar a Dios

Hay diferentes motivaciones para leer. En ocasiones leemos una revista para entretenernos, en otras leemos un buen libro para estar bien informados. ¿Con qué motivación debemos leer la Biblia en este acercamiento? Con la convicción de que Dios quiere comunicarse con nosotros; de que sigue hablando hoy, como lo hizo antes, por medio de su Palabra escrita. Por lo tanto, leemos la Biblia deseosos de escuchar a Dios.

2. **Callar** para meditar

Si estamos deseosos de escuchar a Dios, el siguiente paso es hacer silencio para realmente escucharlo. ¡Cuántas veces nuestras muchas palabras nos impiden escuchar lo que el otro quiere comunicar! Una genuina comunicación implica estar en silencio para reflexionar en lo que el emisor está comunicando. El Salmo 46.10 dice: *¡Quédense quietos y sepan que yo soy Dios!* NTV (Nueva Traducción Viviente), que lo podríamos parafrasear así: "Cállense y reconózcanme como Dios". Y el reconocido Salmo 1.2 dice: *... sino que se deleitan en la ley del Señor meditando en ella día y noche.*

3. **Imaginar** para identificarnos

Una excelente ayuda para seguir reflexionando en la Palabra de Dios es imaginarnos que somos parte del relato que estamos orando. Esto nos ayudará a identificarnos con los personajes, a tomar en serio las promesas, las amonestaciones, etc.

4. **Orar** para responder a Dios

Ahora es el momento de hablar con Dios en respuesta a su Palabra meditada. Se busca, en oraciones cortas, dialogar con el Señor compartiendo la reflexión que ha traído su Palabra. Estas oraciones giran en torno al texto bíblico, así que evitemos orar por otros temas.

5. **Vivir** la Palabra para glorificar a Dios

No pensemos que con la oración anterior se concluyó este tiempo especial. El verdadero desafío es vivir conforme a la Palabra de Dios, para de este modo glorificarlo. Por ello, este último punto nos ayuda a pensar seriamente qué cambios debemos realizar en la vida cotidiana para glorificar a Dios. Recordemos que vivimos para la alabanza de la Gloria de Dios (Ef 1.6,12,14).

¿Cómo orar la Palabra en grupo?

El coordinador asigna el texto bíblico a dos o tres personas, quienes leerán el texto bíblico, de manera pausada, en diferentes versiones bíblicas.

Luego el coordinador mismo leerá uno o dos versículos y después invitará al grupo a permanecer en silencio para aplicar el segundo y tercer paso, es decir, permanecer callados para meditar, e imaginar para identificarnos.

Después de un periodo prudencial (un minuto o dos) invitará a que una o dos personas hagan oraciones breves como respuesta a la Palabra de Dios.

Luego, continuará leyendo otros versículos, animando al silencio, y después a la oración, hasta terminar de leer el fragmento elegido.

Finalmente, invitará a que cada uno medite sobre estos versículos y luego escriba cómo aplicará lo aprendido de la Palabra para la Gloria de Dios.

Igor Améstegui
Director regional, Langham Predicación

CHRISTOPHER
WRIGHT
CÓMO PREDICAR
DESDE EL
ANTIGUO
TESTAMENTO
SERIE RECURSOS LANGHAM PREDICACIÓN
CÓMO PREDICAR DESDE EL ANTIGUO TESTAMENTO
CHRISTOPHER WRIGHT

La versatilidad de la Biblia
Para estudiar, enseñar y predicar
Christopher Wright y *Jonathan Lamb*
Ediciones Puma
ISBN: 978-612-4252-05-1
Tapa rústica, 15.2 cm. x 22.8 cm., 272 páginas

9 786124 252242